누구에게도 지지 않는

배짱 대화법

누구에게도 지지 않는 배짱 대화법

2015년 12월 5일 1판 1쇄 인쇄
2017년 01월 05일 1판 7쇄 펴냄

2019년 11월 10일 개정 1판 1쇄 펴냄

지은이 ┃ 가나이 히데유키
옮긴이 ┃ 이형복
기   획 ┃ 김민호
발행인 ┃ 김정재

펴낸곳 ┃ 뜻이있는사람들
등록 ┃ 제2016-000020호.(2004년 3월 30일)
주소 ┃ 경기도 고양시 덕양구 지도로 92. 55 다동 201호
전화 ┃ (031) 914-6147
팩스 ┃ (031) 914-6148
이메일 ┃ naraeyearim@naver.com

ISBN 978 −89 −90629−53−1 03320

누구에게도 지지 않는

배짱 대화법

가나이 히데유키 지음
이형복 옮김

뜻이있는사람들

'배짱 대화법'은
왜 필요한가?

비즈니스맨은 누구나 남들보다 일을 잘하고 싶어하고, 남들보다 더 나은 성공을 거두어 행복해지려 노력한다. 그렇지만 안타깝게도 현실은 그렇지 않다.

한 중소기업에 입사한 신입사원 Y는 우수한 성적으로 일류대학을 마쳤으며, 입사시험에서도 뛰어난 실력을 발휘했다. 그 회사 사장은 오랜만에 인재다운 사람을 만났다고 기뻐하며 그의 장래에 대해 큰 기대감을 가졌다.

그런데 경리부에 배속된 Y는 반년이 되자 얼굴 표정이 우울해지고 지 각과 결석도 눈에 띄게 늘어났다. 담당과장을 불러 물어보면, 'Y는 자신 의 일을 하찮게 여기며 성실하지 못하다' 는 것이었다.

그래서 사장은 그를 기획실로 이동시켜 회사의 운명을 좌우하는 기획 개발 업무를 맡겼다. 그러나 Y는 다시 반년도 지나지 않아 그 부서의 외 톨이가 되었다. 다시 그 이유를 알아본 결과, 그는 자기 상사와 선배들을 뒤에서 '무능한 사람' 이라고 비웃는 태도를 보여 주위에서 그를 상대해 주지 않는다는 것이었다.

비즈니스맨은 일의 능력과 수행 능력이 부족하면 주위로부터 인정받 지 못한다. 그러나 그것만으로는 성공의 열쇠를 손에 넣을 수 없다는 사 실을 알아야 한다. 업종과 직업에 관계없이 자신이 맡은 업무활동을 성 공시키기 위해서는 일에 대한 룰과 매너를 무시하면 안 된다.

직장에서의 룰은 표현력이며, 매너는 대인능력이다. 즉 이 두 가지가 커뮤니케이션 기술이며 '대화술' 인 것이다.

학교를 졸업하고 신입사원이 된 사람들이 반드시 부딪히게 되는 것이 대인관계와 대화술의 문제이다. 사회생활 경험이 5년이든 10년이든, 많 은 사람들이 이 문제로 고민하고 있다.

이 책은 직장에서의 커뮤니케이션 능력을 고양시키기 위한, 결코 간 과할 수 없는 매우 중요한 기본을 알기 쉽게 풀어쓴 것이다.

현대인들은 정말 꽉 막힌 답답함 속에서 살고 있다. 이것은 텔레비전을 비롯한 여러 문화생활의 영향도 있겠지만, 생활 전반의 템포가 막혀 있는 것에도 원인이 있다.

이 책은 바쁜 비즈니스맨을 위해 쉽게 풀어썼고, 풍부한 일러스트를 통해 알기 쉽게 구성했다. 책의 출판에 있어, 각 항의 중요한 포인트마다 적절한 일러스트를 그려준 하마모리 씨와 본서의 기획과 완성까지 애써준 고우서방의 부편집장 스즈키 히라이치 씨께 진심 어린 감사를 드린다.

가나이 히데유키

c o n t e n t s

CHAPTER 03
잘 듣는 사람이 말도 잘한다

CHAPTER 04
꼭 알아야 할 대화술의 기본 원칙들

CHAPTER 1

말을
잘한다는
것은
무엇인가

제대로 된 말로
효과를 극대화하라

말을 잘한다는 것의 기준

말을 잘한다는 것은, 어떤 목표를 염두에 두고 그 일의 효과를 높이는 말을 할 수 있다는 것을 의미한다.

회사원 중에는 평지에 물 흐르듯 마냥 혼자서 이야기하는 사람이 있다. 또 이와 정반대로, 상품 설명 하나 제대로 못하는 사람도 있다. 이 두 사람은 결코 말을 잘한다고 할 수 없다.

그렇다면 말을 잘하는 사람은 어떤 사람일까?

사람들 앞에서 거침없이 자신의 생각을 말하며, 첫 대면인 사람과도 거리낌 없이 열성적으로 설득하고, 부하직원에게도 척척 지시하는 사람을 우리는 보통 '말을 잘한다'고 생각한다.

맞는 말이다. 분명 말을 잘하는 것은 사실이다. 하지만 말을 잘한다는 것의 판단은 그의 말이 상대방에게 가까이 다가가 목적한 효과를 높일 수 있느냐 그렇지 않느냐에 달려 있다.

　사람들 앞에서 분명한 자기주장을 펴고 직장에서 원활한 의사소통이 이루어지면, 그것만으로도 인생의 성공과 행복을 얻을 수 있는 커다란 열쇠를 손에 쥔 셈이다. 그리고 사람은 누구라도 노력에 따라 말을 잘하게 된다.

효과를 높이기가 어렵다

사람이 행복한 인생을 만들기 위해 중요한 것은 무엇인가?
그것은 네 가지로 집약된다.

❶ 건강한 것
–모든 것의 기본은 건강이다.
❷ 일을 잘하는 사람이 되는 것
–자신이 맡은 분야에서 남보다 뛰어난 능력을 발휘하는 것을 의미한다.
❸ 표현력을 몸에 익히는 것
–주위에서 자신의 존재가치를 정확하게 평가한다.
❹ 좋은 인간관계를 만드는 것
–말을 들어주느냐 마느냐는 인간관계에 달려 있다.

❶과 ❷에 관해서는 누구라도 의식적으로 노력을 하지만 의외로 잊어버리기 쉬운 것이 ❸과 ❹이다. 그런데 대화술에서는 이 두 가지가 가장 중요하다.

자신의 생각을 아무리 잘 말하더라도, 사실 그 말은 전체의 60퍼센트밖에 표현되지 않는 것이고 듣는 사람은 그 중에서 50퍼센트밖에 이해하지 못한다고 알려져 있다.

이러한 수치로 미뤄볼 때, 결국 자신의 생각을 아무리 잘 표현하더라도 상대방에게 제대로 전해지는 것은 전체의 30퍼센트에 지나지 않는다.

자신이 전하고 싶은 것을 말로 표현한 것을 상대방이 모두 이해해주리라 생각하면 큰 오산이다. 따라서 말로 표현해 효과를 높이기란 아주 어렵다.

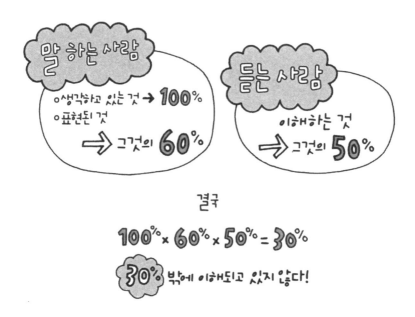

말 잘하는 사람이
일도 잘한다

일이 곧 '말하는 것'이다

하루의 직장생활을 떠올려보자.

직장에 출근해 상사·동료들과 인사를 하고, 대화를 주고받고, 조회를 하고, 거래처와 전화 통화를 하고, 하청업체에 발주를 하고, 고객과 미팅을 하고, 회의에서 의견을 교환하고, 상사에게 보고를 하고, 부하직원에게 지시를 한다…….

이처럼 모든 일은 '말하는 것'이다.

온종일 누군가와 전혀 말하지 않는다는 것이 가능할까? 아무리 능력있는 사람이라도 말을 하지 않고 일의 효과를 높이기는 불가능하다. 우선 전화 한 통도 제대로 걸 수 없기 때문이다.

직장에서 당당하게 행동하고, 일을 능률적으로 처리해내는 사람을 관찰해보자. 그는 말을 잘하며 쓸데없는 말을 하지 않는다. 즉 짧은 말로도 효과적으로 자신의 생각을 표현하고 전달하는 방법을 잘 알고 있다.

영어회화보다 먼저 국어 능력을 높여라

미국의 비즈니스계에는 '관리직이 되면 대화술 교실로 공부하러 가라'는 말이 있다. 이것은 일의 능률을 높이는 데 말을 잘하는 것과 못하는 것이 얼마나 큰 영향을 미치는가를 잘 말해주고 있다.

사람들 앞에서의 스피치든 업무회화든 간에 모두가 룰이 있고, 그 룰을 통해 몸에 익힌 사람은 반드시 말을 잘하는 사람이 되어간다.

미국에서는 초등학교에서 대학에 이르기까지 커뮤니케이션을 포함한 대화술 공부가 커리큘럼에 들어가 있다. 그러나 우리나라는 초등학교 이후 읽기와 쓰기밖에 공부하지 않는다. 사회인이 되어서도 '말하고' '듣는' 공부를 전혀 하고자 하지 않는다. 그 결과, 직장에서는 비능률적인 말을 하는 사람이 많아졌다.

일은 시간을 얼마나 효과적으로 잘 활용하느냐에 따라 그 성패가 판가름 난다. 시간을 헛되이 쓰는 것은 무능을 증명하는 것이고, 회사에 손해를 끼치게 된다.

영어공부를 하는 사람은 많지만, 정말로 영어의 표현력을 높이려면 국어의 표현력을 높이는 것이 선결 과제이다.

✻ 영어보다 우선 국어 ✻

국어의 표현력이 없으면
영어를 해도 불안정

국어가 확실하면
영어도 안정

말 잘하는 데도
요령이 있다

목적을 갖고 말하라

회의에 참석해 어떤 제안을 한다. 그리고 자신의 입장을 분명하게 밝히기 위해 그 이유를 장황하게 설명한다. 이렇게 필사적으로 설명해도 그 의견이 채택되지 않으면 아무런 효과도 없는 것이 되고 만다.

이와 반대로 대수롭지 않게 내놓은 의견이 통과되는 경우도 있다. 이런 경우가 바로 훌륭한 대화술에 해당한다고 할 수 있다.

부하직원의 지휘와 상사에 대한 접대 등 업무와 관련된 무슨 말을 하더라도 그 목적을 달성하지 못하면 아무런 의미가 없다. 직장에서의 말, 즉 업무회화에는 반드시 어떤 목적이 있게 마련이다.

훌륭한 대화술을 익히려면 말의 목적, 즉 지금 자신이 무엇 때문에 말을 하고 있는지를 잘 아는 것이 중요하다. 그런 다음에야 어떤 식으로 말해야 좋을지가 나온다.

　말의 효과를 높이는 제 1조건은 '목적을 두는 것' 임을 명심하라.

말을 하는 4가지 목적

직장에서 나누는 말에는 크게 네 가지 목적이 있다.

❶ 설명
－상대방에게 '그래'라고 알게 하는 것이 목적이다. 업무보고 등이 여기에 해당한다.

❷ 설득
－상대방이 자신이 생각한 대로 행동해주는 것을 목적으로 한다. 의뢰, 충고, 꾸짖음 등이 여기에 해당한다.

❸ 인간관계를 깊게 한다
－일상적인 대화 등에서 상대방과의 친밀감을 깊게 하는 것을 목적으로 한다. 즉 사람에게 사랑받는 것이 목적이다.

❹ 즐거움과 감동을 준다
－주로 사람들 앞에서 말하는 것으로, 듣는 사람을 즐겁게 해주거나 감동하게 하는 것이 목적이다. 강연이나 결혼피로연에서의 스피치 등이 여기에 해당된다.

직장에서는 이 네 가지 중 하나를 목적으로 말하게 된다. 물론 두 개 이상의 목적을 가지고 말하는 경우도 있다. 우선은 이 목적을 확실하게 갖는 것이 중요하다.

─ 직장에서의 4가지 목적 ─

① 알게 된다

② 행동하게 한다

③ 인간관계를 깊게 한다

④ 즐겁게 해준다

말 잘하는 것과
수다를 잘 떠는 것은 다르다

수다는 자기 위주의 말이다

'말'과 '수다'의 차이는, 말에는 목적이 있지만 수다에는 특별한 목적이 없다는 점이다.

대화에 있어서는 친밀감이 깊어질 수 있도록 말하기 때문에 모든 것을 상대방의 입장에서 생각하고, 상대방의 자존심을 존중하면서 말한다. 그 결과 상대방과 우호관계가 생긴다.

이와 달리 자기 위주로 자신의 흥미에 따라 말을 하는 것이 수다이다. 자기 위주의 수다는 여러 가지 호기심이 충족되기 때문에 말하는 본인에게는 아주 즐겁다. 그런데 자칫하면 자기자랑, 투정, 남에 대한 험담, 소문, 남녀관계, 정치, 종교 등으로 굴절되기 쉽다. 그렇기 때문에 타인에게 상처를 주거나 인간관계를 나쁘게 하는 결과를 불러올 수 있다. 수다

27

스런 사람이 주위로부터 존경받지 못하는 까닭이 여기에 있는 것이다.

말재주를 혀끝의 기술로 착각하지 말라

말재주를 '혀끝의 기술'이라고 생각하는 사람이 많은데, 이것은 엄청난 착각이다. 당신은 말뿐인 사람을 신뢰할 수 있겠는가?

그럴싸한 말로 설득하려고 들면 상대방은 우선 경계심부터 생긴다. 결국은 믿을 수가 없게 되는 것이다. 사람의 신용은 그 사람의 평소 행동과 성실한 마음자세에 달려 있다. 신용을 잃은 사람은 '양치기 소년'처럼 무슨 말을 하더라도 들어주지도, 상대해주지도 않는 법이다.

말재주를 갖추는 기본은 주위로부터 신임을 얻는 사람이 되는 것이다. 말은 말하는 사람의 인격을 보여주며, 마음을 겉으로 드러내주기도 한다.

소극적인 사람에게선 소극적이고 부정적인 말이 나오며, 남들로부터 멀어지는 결과를 낳는다. 반대로, 적극적인 사람은 언제나 활달하고 긍정적인 말이 흘러나오기 때문에 많은 사람들에게 사랑을 받아 더욱더 설득력을 갖게 된다.

말재주는 혀끝의 기술이 아니라 일에 대한 자세이며, 삶의 표현이다. 따라서 말재주가 있는 사람이 되려면 일에 대한 생각, 삶의 대한 투철한 철학을 가져야 한다.

말재주가 혀끝의 기술?

...를 봐.

《 테크닉은 있지만 마음이 없다 》

말에는 무한한
힘이 있다

말은 양날의 칼이다

"그 나이에 아직도 평사원이냐?"

"이런 일은 초등학생도 할 수 있는 일이다."

부하직원을 가르친다고 한마디 한 것이 살인사건을 부른 경우는 너무도 많다. 가해자도, 피해자도 사건이 일어나기 30분 전까지는 설마 그런 참극이 벌어지리라 꿈에도 생각지 못했을 것이다.

말은 30분 후의 자신의 인생을 바꿀 수 있는 힘을 갖고 있다. 칼에 찔린 상처는 시간이 지나면서 아물지만, 말로 입은 상처는 말한 사람은 곧 잊어버려도 상대방에게는 그 상처가 점점 더 커지는 경우가 많다.

반면 사람에게 들은 단 한마디의 말이 삶의 격려가 되고, 그 말을 가슴에 새겨 정진한 끝에 인생의 성공을 얻는 경우도 아주 많다.

말은 양날의 칼과 같다. 가능하면 많은 사람에게 희망과 격려를 주는 말을 해주자.

말이 현실을 만든다

말은 의미를 전달하는 도구이자 현실을 만드는 힘도 갖고 있다.

'매실 절임을 입에 넣으면 이가 뜨는 것처럼 시었다'라는 말을 들으면, 실제로 매실 절임을 먹지 않아도 입안에 타액이 고인다. 이것은 말하는 사람의 말이 어떤 상황을 암시하기 때문이다.

사람은 암시의 힘 앞에 매우 약하다. 한 가지 실험을 해보자.

5백 원짜리 동전에 30센티미터 정도의 실을 매달아 쥐고 동전을 바라보며 '흔들린다, 흔들린다, 크게 흔들린다.'라고 말해보자. 그러면 실제로 5백 원짜리 동전이 흔들리기 시작할 것이다. 옆으로도 위아래로도, 자신이 생각한 대로 흔들린다. 자신의 말로 마음에 암시를 걸기 때문에 손가락이 미묘하게 반응하는 것이다. 이처럼 말은 현실을 만들어내는 힘을 지니고 있다.

날마다 우리는 많은 말을 사용한다. 생각을 할 때도 말을 사용해 생각한다. 이 말이 자신의 능력을 좌우하고 있다.

어려운 상황에 직면할 때마다 '반드시 할 수 있다'라는 긍정적인 말을 사용함으로써 놀라운 능력을 발휘할 수 있다. 따라서 일을 잘하는 사람이 되려면 적극적인 말을 잘 사용해야 한다.

- 말이 현실을 만든다 -

성공하고 싶다면
'반드시 할 수 있다'라는
긍정적인 말을 사용하자!

CHAPTER 2

말을
잘 못하는 데는
그 만한
이유가 있다

머뭇거림을
극복하라

도망치지 말고 받아들여라

사람은 중요한 때에 자신의 생각을 당당하게 말하는 능력이 부족하면 자신의 인생에 크나큰 마이너스를 초래한다. 이 장에서는 특히 사람들 앞에서의 언변을 중심으로 살펴보자.

내가 주관하는 T&C 대화술교실에서는 날마다 많은 비즈니스맨이 수강하고 있다. 나는 가끔 수강생들에게 강의를 신청하게 된 동기를 물어보는데, 남들 앞에서 머뭇거리지 않고 당당하게 말하고 싶기 때문이라는 대답이 가장 많다.

오늘날의 비즈니스맨은 프레젠테이션, 아침 회의 등 사람들 앞에서 말해야 할 때가 너무나 많다. 바로 이런 때가 사람들에게 자신의 능력을 마음껏 보여주고 자기를 인정받을 수 있는 절호의 기회다. 그런데도 많은 사람은 그런 자리를 애써 피하려 하거나 도망칠 구멍만 찾는다. 이는 미래의 행복으로 이어지는 지름길로부터 달아나고 있는 것이다.

왜 그러는 것일까? 대부분 '실패하면 어떻게 해'라고 나쁜 상황만 생각하고 있기 때문이다.

하지만 이 책에 나오는 배짱 대화법만 제대로 몸에 익힌다면, 그러한 절호의 기회를 훌륭히 활용하고 자신의 성공을 움켜잡을 수 있다.

사람들 앞에 서면 눈앞이 캄캄해지고, 손발이 떨려 목소리마저 떨리기 시작한다. 결국 머릿속이 새하얘져 무엇을 말해야 좋을지조차 모른다.

이런 경험을 해본 사람이라면 '나는 왜 이렇게 사람들 앞에만 서면 긴장하는 걸까? 남들은 당당하게 말도 잘하는데……' 라는 생각이 들어 더욱더 긴장을 불러온다.

남들 앞에서 긴장하는 것은 인간의 본능이다. 사람은 누구나 긴장하게 되어 있으며, 긴장하지 않는 사람도 사실은 겉으로 보이지 않을 뿐이다. 이럴 때는 '긴장되는 것은 나뿐만 아니라 모든 사람들이 다 긴장하고 있다' 라고 스스로를 위로해주는 편이 낫다.

그렇게 생각한 다음에는 준비를 철저히 해야 한다. 그러면 빨리 남들 앞에 나서서 말을 하고 싶다는 의욕이 생기며, 그 의욕이 긴장을 눌러주는 특효약이 된다.

사람들 앞에서 말 한마디를 하는 데도 업무회화의 룰이 있다. 그에 맞춰 준비를 잘하고, 그리고 무엇보다 큰 무기가 되는 경험을 쌓아 자신감을 키우는 것이 중요하다.

제아무리 물이 무섭더라도 물에 자꾸 들어가 보면 수영 실력이 점점 늘고 자신감이 넘쳐난다. 마찬가지로 긴장을 떨쳐버리는 훌륭한 대화술을 몸에 익히려면 억지로 배우기보다는 자연스럽게 익숙해진다는 마음 자세로 많은 경험을 쌓아야 한다.

◆ 긴장을 누르는 3가지 조건 ◆

① 자기암시를 거는 것

② 준비는 철저히

③ 경험을 쌓아두자

자신감 있는
태도를 보여라

마음의 상태는 태도로 나타난다

결혼피로연 등에서 스피치 하는 모습을 보면, 그가 말을 잘하는 사람인지, 아니면 사람들 앞에서 말하는 것에 전혀 자신이 없는 사람인지를 알 수 있다.

사람들 앞에서 말하는 것에 익숙한 사람은 대기실에 앉아 있을 때나 회의장에 있을 때나 평소와 다름없이 매우 차분하다. 게다가 밝은 표정으로 주위 사람들과 편안하게 말을 즐긴다.

그러나 경험이 적고 언변에 자신이 없는 사람은 안절부절 못한다. 대기실에 있을 때부터 오버액션을 하고 주위 사람들과 말하는 소리도 한층 높아져 상황을 우습게 만들어버린다.

이렇게 말하는 것에 자신이 없는 사람은 평소의 자신감마저 잃어버리는데, 그것은 곧장 그의 태도로 나타난다. 그리고 자기 자신에게 부정적인 암시를 걸어 한층 더 긴장하게 만드는 결과를 초래한다.

당당한 태도가 자신감을 만든다

회의장에서 자기 차례가 다가오면 심장이 두근두근한다. 손에 진땀이 흐르고 호흡이 가빠진다. 뭘 먹어도 잘 넘어가지 않는다. 집에서 외워온 내용을 속으로 계속해서 되풀이한다. 이윽고 사회자가 호명하면 반사적으로 의자에서 일어나 종종걸음으로 마이크에 다가가서는 인사도 하지 않은 채 말을 시작한다.

이것은 사람들 앞에서 말하는 것에 자신이 없기 때문에 '실패하지 않도록 빨리 끝내고 편해지고 싶다'라고 생각하는 마음이 모두 태도로 나타난 것이다. 이런 사람은 반드시 자신있는 태도를 취해야 한다.

자기 차례가 다가오면 불안해하지 말고 눈을 가볍게 감고 5~6회 복식호흡을 해본다. 그리고 사람들 앞으로 나설 때는 가슴을 펴고 당당하게 걷는다. 마이크 앞에 서서는 곧바로 목소리를 내지 말고 마이크를 스탠드에서 풀어 손에 든다. 그리고 양손을 차분히 내리고 정중히 인사를 한 다음 말을 시작한다.

이러한 태도는 스스로에게 긍정적인 암시를 걸어 실제로 사람들 앞에 나서도 차분하고 풍부한 표정으로 말할 수 있는 원동력이 된다.

44

말의 재료를
풍부하게 모아두어라

말재주가 없는 이유

말재주가 없는 사람에게는 흔히 '사람들 앞에만 서면 긴장하는 병'이 있다고 생각하는 사람들이 많다. 긴장은 확실히 큰 요인일 수 있지만, 실제로 긴장을 불러일으키는 원인은 다른 곳에 있다. 이것을 떼어버리지 않는 한 긴장을 억누르는 것은 불가능하다.

그러면 말재주가 없는 사람의 근본 원인은 어디에 있을까? 이것은 크게 세 가지로 나눌 수 있다.

> ❶ 이야기 재료가 없으니까.
> ❷ 이야기를 꾸밀 수 없으니까.
> ❸ 소리를 내어 연습하지 않으니까.

이 세 가지만 없앨 수 있다면 누구든 사람들 앞에서 벌벌 떨지 않고 말을 잘할 수 있다.

◆ 긴장하지 않기 위한 3가지 준비 ◆

① 이야기 재료를 준비한다

② 이야기 구조를 생각한다

③ 소리를 내면서 연습한다

재료는 말의 생명, 평소부터 안테나를 세워두자

말재주가 없는 사람임을 스스로 인정하는 사람은 많지만, 그 원인들 중 하나로 이야깃거리가 없다는 사실을 아는 사람은 드물다.

산이 없으면 등산을 할 수 없다. 또한 피사체가 없으면 사진촬영을 할 수 없다. 이와 마찬가지로 이야깃거리가 없으면 말을 할 수 없다는 것은 너무나 당연하다.

대화에 필요한 좋은 재료를 많이 모으려면 평소의 마음가짐이 중요하다. 매일매일의 경험과 사람들로부터 들은 이야기를 비롯해 텔레비전, 신문 등에는 귀중한 재료들이 널려 있다. 그것들을 놓치지 말고 차곡차곡 모아야 한다. 이것이 말재주가 있는 사람이 되는지, 말재주가 없는 사람으로 주저앉고 마는지를 결정짓는다.

예를 들어, 회의의 재료를 모은다고 하자.

❶ 날마다 직장에서 일어나는 일을 주의 깊게 관찰하는 것, 일의 순서, 고객과의 대응…….
−지금까지 생각했던 것들로 반드시 의문이 생기게 마련이다.

❷ 왜 이런 방법을 사용하고 있는 걸까? 좀 더 효과적인 방법은 없을까?
−일에 대한 문제의식을 가지면 문제점이 보인다.

❸ '그렇게 한다면 더 효과적으로 일을 할 수 있다'라는 자신의 의지를 가질 것.
−이 의견을 가질 때는 직장에서 본 일이 자신의 이야깃거리가 된다.

일관성 있게 말하라

말은 '주제'와 '화제'로 구성된다

말재주가 없는 사람의 극단적인 타입은 논지가 일관되지 않다는 것이다. 이야기가 여기저기 튀거나 잔가지가 포인트가 되기도 한다. 말이 명료하지 못하고 의미가 불분명하다는 경우가 여기에 해당된다. 이런 경우, 듣는 사람이 이해하기 어려울 뿐만 아니라 효과를 높이는 것을 도저히 기대할 수 없다.

설득력 있는 말이란 주제와 화제로 구성되어, 논지를 확실히 하는 것이 필수조건이다.

주제란 자신이 가장 말하고 싶은 것이다. '고객을 기다리게 하지 말 것', '공과 사를 혼동하지 말 것', '신랑은 정의감이 강한 사람이다' 등 자신이 말하고 싶은 것을 짧은 말로 정리할 수 있는 것을 말한다. 이 주제는 반드시 말미를 잘라 말하며, 말하고자 하는 것을 명확히 해야 한다.

화제는 자신이 말하고 싶은 것(주제)을 이해하기 위해 사실과 실례를 들어가며 구체적으로 설명하는 뒷받침의 부분을 일컫는다.

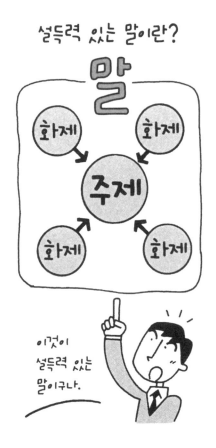

이야기를 진척시키는 순서에도 룰이 있다

❶ 주제를 맨 처음에 말한다.

-조회나 결혼피로연의 스피치 등 사람들 앞에서 말할 때는 자신이 말하고 싶은 것을 맨 처음에 명확히 하는 것이 중요하다.

"여러분, 안녕하십니까? 저는 영업 1과의 김민수입니다. 오늘은 '매출을 최대한 올리는 방법'에 대하여 말하겠습니다."

이런 식으로 곧바로 주제를 말하라. 이것으로 듣는 사람은 말을 받아들일 자세를 갖추게 되므로 자연히 설득력을 갖게 된다.

❷ 사실과 실례를 구체적으로 말한다.

-주제를 말한 다음에는 바로 화제로 들어간다. 즉 사실과 실례를 들어가며 구체적으로 말하라.

"며칠 전의 일입니다. 동창모임을 갖기 위해 고등학교 때 친구에게 전화를 걸었더니……."

❸ 자기 의견을 확실히 말한다.

-화제의 끝에 반드시 자신의 주장을 말해야 한다.

"이렇게 하면 공과 사를 혼동하기 쉽지만, 명심하여 주의토록 합시다……."

끝으로, 다시 한 번 주제를 반복해서 말을 맺으면 설득력 있는 이야기로 정리된다.

매사에 적극적인 사람이 되라

말재주 없는 것이 소극적인 사람을 만든다

흔히들 오해하는데, 소극적이기 때문에 말재주가 없는 것이 아니다. 말재주가 없기 때문에 소극적이 되는 것이다.

그렇다면 말재주가 없는 사람이 소극적인 이유는 뭘까?

당신은 사람들 앞에서 말을 잘할 수 없어서 크게 창피를 당해 본 적이 없는가?

누구라도 사람들에게 인정받고 싶고, 중요하게 인식되고 싶은 강한 욕망을 가지고 있다. 그리고 그 뒤에는 자존심에 상처를 받고 싶지 않은 공포감도 도사리고 있다.

사람들 앞에서 크게 한 번 창피를 당하면, 그때의 수치심이 언제까지나 마음속에 남아 있다. 두 번 다시 그런 창피를 당하고 싶지 않으며, 자존심에 상처를 입고 싶지 않다는 생각이 스스로를 위축시키는 성격으로 변해 결국 소극적인 사람을 만들어버린다.

이런 사람은 직장에서도 사람들 앞에 나서서 말하기를 겁먹고 회의도 싫어하게 된다. 사람들의 눈에 띄는 곳도 가능하면 피하고, 사람들과 눈 맞추는 것조차 피하는 소극적인 인간이 되어버린다.

성공 체험을 거듭하면 적극적인 인간이 된다

성공 체험, 말재주를 키우기 위해서는 무엇보다도 이것이 묘약이다. 이것이야말로 당신을 적극적인 인간으로 바꾸어줄 것이다.

대화술교실의 수업은 인간을 적극적으로 만들고, 행복한 인생을 만들기 위한 삶의 공부다.

말 잘하는 요령을 몸에 익히고, 충분한 준비를 갖춰 사람들 앞에 선다. 준비라는 뒷받침이 있으므로 긴장을 풀고 당당하게 말할 수 있다. 그러면 듣는 사람은 몸을 일으켜 집어삼키듯 빨려든다. 이때 유머가 곁들여지면 더욱 즐겁다. 사람들의 반응을 확인하며 이야기를 마치면 우레와 같은 박수갈채가 이어진다. 그러면 담당강사는 지난번의 실습과 비교하며 평가를 내린다.

이러한 일련의 성공 경험은 말하는 사람에게 큰 자신감을 안겨준다. '다음엔 더 많이 준비해서 사람들을 더욱 매료시키는 이야기를 하자!' 라는 의욕이 들끓는다. 눈빛이 빛나고, 직장에서의 말소리도 커지며 행동도 이전보다 더 당당해진다.

이렇게 사람들 앞에서 말로 성공 경험을 거듭하는 것으로부터 자기 자신을 적극적인 인간으로 개조해나가는 것이다.

적극적인 인간은 많은 사람에게 사랑받을 뿐 아니라 듣는 사람들로 하여금 호감을 갖고 말을 듣는 태도를 갖추게 한다.

CHAPTER 3

잘 듣는 사람이
말도 잘한다

말의 효과는
듣는 사람이 결정한다

들어주는 노력을 하라

사람의 말이라는 것은 아무리 논리 정연해도, 또한 열의를 가지고 설득해도 상대방이 듣지 않으면 말하는 사람의 원맨쇼가 되어버려 어떤 효과도 얻을 수 없다.

예를 들어, 거래처 사람들을 모아놓고 상품설명회를 한다고 하자. 이때 그 상품을 살까 말까를 결정하는 것은 듣는 사람이다. 어떤 준비를 해서 어떻게 이야기할지는 말하는 사람의 권리이지만, 그것을 어떻게 해석하느냐는 순전히 듣는 사람의 몫이다. 듣는 사람이 긍정적으로 받아들여 계약이 성립되면, 그 설명회는 효과를 발휘한 것이다.

따라서 말의 효과를 높이려면 '어떻게 말할까?'라고 생각하기 전에 '어떻게 하면 이야기를 들어줄까?'를 먼저 고려해야 한다.

듣는 사람의 본질은 듣기 싫다는 것이다

여러 사람 앞에서의 이야기도, 1대 1 대화에서도 듣는 사실은 망각하기 쉽고 질리기 쉽다. 가능하면 듣기 싫다는 것이 듣는 사람의 본질이다.

왜냐하면 사람의 말을 신중하게 들으려면 말하는 사람을 주목하기 위해 눈을 사용하고, 듣고 흘려버리지 않으려고 귀를 사용하며, 의미를 이해하기 위해 머리를 사용해야 하기 때문이다. 게다가 몸도 거의 움직이지 않은 채 고정시키고 있기 때문에 전신이 피곤해진다.

많은 직장에서 보는 광경이지만, 부하직원이 상사에게 상담을 하러 가면 상사는 무의식적으로 근엄한 태도를 취하며, 가능하면 빨리 끝내려 한다.

듣는 사람은 조금이라도 피곤을 느끼면 듣는 능력이 떨어져 머릿속으로 전혀 다른 일을 생각해버린다. 그러므로 듣는 사람의 심리상태를 배려해 말하지 않으면 안 된다.

사람들 앞에서 말을 하려면 먼저 듣는 사람의 수, 연령층, 성별의 비율, 직업, 지적 수준, 관심사 등을 고려해야 한다. 또 시간대나 강연장의 내부시설(조명, 음향)등도 염두에 두어야 한다.

1대 1 대화에서도 마찬가지다. 상대방과 자신의 관계, 장소, 시간, 이야기 내용 등에 의해 효과는 크게 달라진다.

법칙 12

좋은 인간관계를
만들어라

누구나 좋아하는 사람의 말은 듣는다

사람들은 누구나 절친한 친구들과 애인 등 호감을 갖고 있는 사람의 말은 적극적으로 들으려고 한다. 직장에서도 마찬가지다. 좋아하는 상사나 고객의 말이라면, 다소 무리한 부탁이라도 들어주려고 노력한다.

반면 싫은 사람과의 이야기는 내용이 좋든 나쁘든 상관없이 듣기 전부터 거부반응을 보인다. 때로는 말을 듣기도 전에 부정적으로 결론을 내리고 만다.

당신의 말이 듣는 사람에게 호감을 주기 위해서는 일차적으로 듣는 사람과의 관계가 좋아야 한다. 그러므로 직장에서의 상사나 고객, 동료, 후배, 거래처 사람들, 집으로 돌아와서는 가족과 친구 등 주위 사람들로부터 사랑받는 사람이 되어야 한다. 그것이 말의 효과를 높이고, 일의 성과에 직접적으로 이어진다.

적극적으로 인사하라

인사는 인간관계를 원활하게 하는 굵은 선을 만든다.

'초등학생도 아니고, 인사 같은 거야 당연히 알고 있지……' 라고 생각하는 사람도 있을 것이다. 그런데 인사를 잘할 수 있는 사람이 매우 적다는 것이 문제다.

당신은 과연 가족들과 인사를 하고 있는가? 직장의 상사, 동료, 부하직원, 신입사원에게도 밝고 큰 목소리로 인사를 하고 있는가?

머리로는 잘 알고 있어도 의외로 몸에 익숙지 않은 것이 인사다. 인사를 할 때는 언제나 적극적으로 먼저 하고, 밝고 큰 목소리로 해야 한다. 특히 인사는 윗사람일수록 효과가 크다.

당신이 스스로 적극적이고 밝고 큰 목소리로 인사하고 있는 사람은 누구일까? 자신에게 중요한 사람(상사, 고객, 선생님, 애인 등)이 아닐까?

적극적으로 먼저 인사를 하는 것은 '내게 당신은 중요한 사람입니다' 라는 의지를 겉으로 드러내는 것이다.

밝고 큰 목소리로 인사한다는 것은 상대방과의 관계를 좋게 하는 것은 물론, 적극적인 인간을 만드는 첫 번째 조건이기도 하다.

상대방이 듣고 싶어 하지 않으면 말하지 마라

같은 사람에게 같은 말을 해도 효과가 다르다

유급휴가를 갖는 동료와 함께 여행을 갈 계획을 세웠다.

이튿날 아침, 출근한 상사를 찾아가 휴가를 부탁하자 '이렇게 바쁠 때는 곤란해' 하고 난처한 표정을 지었다. 그런데 다음날 점심에 다시 한 번 찾아가 부탁하자 이번에는 기분 좋게 승낙해주었다.

같은 사람에게 같은 말을 해도 말의 효과는 너무나 다르다. 이것은 상대방의 심리상태가 다르기 때문이다. 아침 시간, 막 일을 시작하려고 마음을 먹을 때 사적인 부탁을 하면 기분 나빠하기 쉽다. 말의 효과를 높이려면 그 내용과 듣는 사람의 심리상태를 분석해 언제 어떻게 말해야 할지를 잘 고려해야 한다. 직장에서의 업무회의, 영업활동, 또는 사람들 앞에서의 강연 등도 똑같은 이치로 볼 수 있다.

말재주가 있는 사람은 말의 내용에 맞춰 상대방의 심리를 배려하는 능력이 뛰어나다.

TPO(Time, Place, Occasion : 때, 장소, 기회)를 고려한다

같은 상대방에게 같은 말을 해도 때와 장소에 따라 말의 효과는 크게
달라진다. 그것은 인간의 심리상태가 환경에 의해 변화하기 때문이다.

결혼피로연의 스피치에서도 마찬가지다. 처음 한 두 사람의 말은 흥
미를 갖고 듣지만 세 명, 네 명으로 계속 이어지다 보면 질려버린다. 이
럴 때는 짧은 한마디가 좋다.

프레젠테이션 등 대중 앞에서의 강연은 듣는 사람의 연령에 따라 관
심사가 다르므로, 시작하는 화제를 고려하지 않으면 안 된다.

연령에 따른 일반적인 관심사는 다음과 같다.

· 20~30대 …… 미래의 전망, 희망 · 기대, 이상으로 생각하는 것 등
· 40~50대 …… 현실적인 이야기, 소유 주택, 재산, 골프 등
· 60~70대 …… 과거의 추억, 건강문제 등

영업활동을 하더라도 상대방의 직업별로 이야기를 들어주기 쉬운 시
간을 고려한다.

· 가정주부 …… 오전 10시~11시 30분
· 의사 …… 오후 2시~3시
· 기업 담당자 …… 중요한 용건은 오전 중에, 신규 계약은 오후 3시~4시

70

법칙 14

첫인상이
중요하다

눈으로 정보의 반 이상을 판단한다

'사람은 첫인상이 중요하다' 라고 알려져 있지만, 우리는 첫 대면자의
말을 들을 때 어떤 기준으로 판단하는가?

> · **시각**(표정 · 태도 · 복장 · 자세 · 동작) – 55퍼센트
> · **청각**(목소리의 크기 · 강약 · 억양 · 분명함) – 38퍼센트
> · **내용**(이론적 · 감상적인 말의 내용) – 7퍼센트

이러한 숫자가 입증하듯, 시각으로 판단하는 힘이 압도적으로 크다.
접대에서도, 영업활동에서도, 프레젠테이션에서도 듣는 사람은 첫인
상으로 그 사람의 인간성을 판단해버린다. 그 결과에 따라 상대방의 이
야기를 들어줄지, 거절할지를 결정한다.

71

일을 잘하는 비즈니스맨은 주위 사람에게 시각·청각으로 보다 좋은 인상을 주는 사람이 많다.

처음 만난 사람은 어디로 판단되는 것일까?

내용 7%
청각 38%
시각 55%

와, 겉으로 보이는 모습이 무척 중요하구나.

일상적인 태도가 말해준다

직장에서 '나는 언제나 사람들에게 보여 지고 있다' 라는 사실을 잊지 말아야 한다.

· 표정

-언제나 밝고 산뜻한 표정을 보여줘라. 특히 눈에는 일에 대한 자세가 나타나므로 적극적으로 임하는 눈빛을 띠라.

· 자세

-평소부터 가슴을 펴고 등을 펴는 습관을 가져라. 항상 씩씩하고 당당하게 걸어 다녀라. 바지 주머니에 손을 넣고, 등이 구부정하고, 느릿느릿한 행동은 절대 삼가라.

· 인사

-직립부동 자세로 서서 양팔을 옆구리에 붙이고, 등과 뒷머리는 일직선이 되게 해 허리에서 상체를 구부린다. 경사각도는 10도(목례), 15도(가벼운 인사), 30도(보통 인사), 45도(정중한 인사)이며 상황에 따라 구분된다. 특히 숙인 상태에서 2~3초 정도 멈추었다가 올리도록 한다. 직장 내에서 이렇게 인사하는 사람은 그다지 많지 않다. 대부분의 사람들이 형식적인 인사를 하고 예의를 다한 것처럼 생각하고 있지만 이것 역시 상대방의 인상에 남는다.

· 복장

-'복장의 흐트러짐은 마음가짐의 흐트러짐' 이라는 말처럼, 복장상태는 상대방이 인간성을 판단하는 척도가 되므로 단추, 지퍼, 넥타이, 주머니 등에 항상 신경을 써야 한다.

듣기 좋은
목소리로 말하라

크고 씩씩한 목소리로 말하라

듣기 좋게 들려오는 목소리는 말의 내용을 알기 쉽게 해준다.

회의석상에서 말할 때, 전화로 말할 때, 고객에게 설명할 때, 조회에서 말할 때도 듣기 좋은 목소리로 말하는 것이 말하는 사람의 책임이다. 탁한 목소리로 말하면 듣는 사람이 피곤해지는 것은 물론 말이 다르게 전달되어 뜻하지 않은 오해를 불러올 수도 있다.

이런 경우 대게 '나는 태어날 때부터 목소리가 트이지 않았다'거나 '콧병으로 발음이 나쁘다'라고 생각하는 사람이 많은데, 발성·발음은 근육운동이며 트레이닝으로 누구나 교정이 가능하다.

정치인이나 경영자들처럼, 일에 자신의 전부를 건 사람들은 대부분 목소리가 크다. 목소리가 크다는 것만으로도 사람을 끌고, 말에 설득력이 더해지는 것이다.

상대방은 이쪽을 꿰뚫고 있다

"지난번에 큰 계약을 해주셔서 정말로 감사합니다."

전화 통화의 특성상 상대방에게 보이지 않는다고, 이런 인사를 발을 꼬고 손가락으로 볼펜을 돌리면서 한다.

그런데 이런 태도는 상대방에게 모두 전달된다. 말로 '감사합니다' 라고 말해도 마음으로 그렇게 생각하지 않으면, 음성만으로도 상대방은 눈치를 챈다.

반대로 진짜마음이 전달되는 경우는 어떠한가?

누군가 길가에서 휴대폰을 걸면서 몇 번이고 머리를 조아린다. 이런 모습은 음성을 타고 상대방에게 그대로 전해진다. 마음에서 우러나는 즐거움과 감사를 전달하는 것으로, 상대방의 즐거움도 커지게 마련이다. 말은 상대방에게 의미를 전달하지만, 음색은 상대방에게 마음의 상태를 전달한다.

직장에서는 언제나 밝은 음색으로 말하라. 사람은 누구나 밝은 사람, 즐거운 사람, 소박한 사람을 좋아한다. 반대로 어두운 사람, 무슨 일이든 부정적인 사람, 장난치는 사람, 무책임한 사람을 본능적으로 싫어한다.

사람에게 사랑받는 성격, 미움 받는 성격은 모두 음색으로 나타난다. 밝은 음색으로 말하는 습관은 모든 이들에게 친절하고, 모든 일에 적극적인 사고방식을 갖추게 한다.

CHAPTER 4

꼭 알아야 할 대화술의 기본 원칙들

말 잘하는 사람은 인간적인 매력이 넘치는 사람이다

평소의 사고방식이 중요하다

말새주가 있는 사람이 되려면 노력하는 사람이 되어야 한다.

말재주가 있는 사람은 주위를 끌어당기는 독특한 분위기를 지니고 있다. 매력 있는 사람이란 표정, 인사, 눈빛, 행동, 복장의 센스와 같은 외적인 것에서부터 적극성, 성실성, 겸허함, 남에 대한 배려, 가치관, 삶, 풍부한 화제, 표현 방법 등의 종합적인 인간성이 증명한다.

물론 세상에 이렇게 완벽한 인간은 존재하지 않는다. 그러나 될 수 있는 한 이상에 가깝도록 노력해야 한다. 그렇다면 어떤 노력을 기울여야 할까?

중요한 것은 다른 사람을 즐겁게 하는 것을 즐기는 것이다.

누군가가 보지 않는 곳에서의 매너도 중요하게 생각하라. 남이 버리고 간 쓰레기가 있으면 누가 보지 않아도 주워서 쓰레기통에 넣어라. 사무실에서도 마찬가지다. 자신이 사용한 후 복사지가 떨어지면, 다음 사람을 위해 새 종이를 넣어놓는 등 숨은 매너가 중요하다.

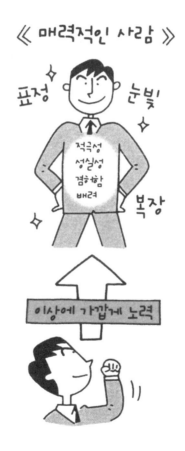

성실 · 겸허 · 책임감이 매력적인 인간을 만든다

❶ 성실한 사람

-우리가 사회생활을 하는 데 가장 중요한 것은 약속을 지키는 것, 시간을 지키는 것이다. 사람들 앞에 나서서 말을 할 때는 미리 충분한 준비를 한다. 회식이나 접대를 한 다음날은 다른 사람보다 일찍 출근한다. 이런 생활이 연속적으로 쌓이면 그를 성실한 사람으로 만든다.

❷ 겸허한 행동

- '벼는 익을수록 고개를 숙인다' : 겸허한 인간일수록 남에게 사랑을 받는다. 입사 몇 해 만에 큰일을 성공시키고, 후배도 늘어난다. 그에 따라 행동도 점점 거만해지는데, 이래서는 안 된다. 사회적 지위가 높으면 높을수록 모범적이고 겸허한 태도를 보여야 한다.

❸ 강한 책임감

-자신의 행동에 모든 책임을 지는 것, 책임 회피, 변명 등으로 자신을 숨기려 하는 행위는 보기 흉할 뿐이다. 어떤 책임도 달게 질 수 있어야 평가가 높아진다.

사람은 혼자서 살아갈 수 없다. 많은 사람의 협력과 지도, 애정이 있어야 살 수 있고 성장한다. 감사의 마음을 갖고, 매력적인 인간으로 탈바꿈하라.

매력적인 인간이 되기 위한 **3**가지 조건

성실
시간·약속을 지킨다

겸허
잘 부탁합니다.
저야말로···
겸허한 태도

책임감
제가 했습니다.
그렇군.
일·행동에 책임을 진다

잘 들어주는 사람이
말 잘하는 사람이다

듣는 것이 최고의 자기계발이다

듣는 것은 배우는 것이며, 독서와 똑같이 자기계발의 최고 수단이다.

우리의 지식과 정보들 중 대부분은 보고, 듣고, 읽는 것으로부터 얻어지지만 그 중에서도 듣는 것이 가장 큰 정보의 부분이다. 똑똑하고 영리해지기 위해서는 귀를 잘 이용해야 하는 것이다.

말 잘하기를 원하는 사람은 흔히 그것만이 전부라고 생각하기 쉽지만, 사실 훌륭한 대화술이란 상대방을 알고 이해하는 데서 시작된다. 그러려면 먼저 상대방의 말을 잘 들어야 한다.

흔히 '침묵은 금이며, 웅변은 은'이라고 말한다. 말하는 것도 중요하지만, 듣는 것이 더 중요하다는 것이다.

남의 말을 경청하는 것이야말로 상대방과 나에 대한 사랑의 시작이다. 마음을 집중하고, 귀를 세워 듣는 노력을 하라.

지적 호기심을 왕성하게 하라

'왜?', '어째서?' 라는 지적 호기심을 왕성하게 하는 것이야말로 사람의 말을 적극적으로 듣고자 하는 기본자세다. 또 거기에서 자신의 일에 대한 처리방법이 생겨난다.

듣기를 잘하는 세 가지 조건은 다음과 같다.

❶ 맞장구친다

–눈을 반짝이며, 타이밍에 맞춰 맞장구를 치며 듣는다. 당연히 분위기가 좋아질뿐더러 상대방도 기분 좋게 말을 하게 된다. '맞장구는 대화의 이유' 라고 하지만, 대화 내용에 맞게 여러 종류의 맞장구를 구분하여 쓴다.

❷ 끝까지 잘 듣는다

–말 중간까지만 듣고 섣불리 결과를 예측해 상대방의 말을 끊는 경우가 있다. 이것은 상대방에 대한 결례이니 조심해야 한다. 또 이야기가 어떻게 전개될지 모르기 때문에 끝까지 듣고자 하는 신중한 태도가 요구된다.

❸ 말 외의 말을 듣는다

–친한 사이끼리의 대화가 아닌 경우, 간접적인 표현을 사용할 때가 많다. 예의상 자신이 하고 싶은 말을 확실히 표현하지 않는 경우다. 따라서 말의 표면만 들을 것이 아니라, 과연 이 사람이 그 말을 통해서 하고 싶은 말이 무엇인지를 파악하는 것이 중요하다.

```
┌─────────── 법칙 18 ───────────┐
│                               │
│        상대방의 관심이         │
│     어디에 있는지 파악하라     │
│                               │
└───────────────────────────────┘
```

상대방이 무엇에 관심을 두고 있는지를 알아내라

사람은 누구나 스스로에게 가장 관심이 크며, 남에게도 관심을 받고 싶어 한다. 따라서 대화의 분위기를 좋게 하려면 언제나 상대방 중심으로 화제를 선택해야 한다.

사람의 말을 듣는다는 것은 인내가 요구되지만, 말하는 행위는 즐거운 일이다. 그러므로 즐거운 이야깃거리를 찾아내어 상대방에게 들려주는 경우가 많다.

상대방을 즐겁게 해주려면 무엇보다도 상대방 스스로가 말하게 해서 그를 알아내야 한다. 자신은 듣는 입장이 되어 그가 무엇에 관심을 갖고 있는지, 어떤 생각을 하고 있는지를 알 수 있다.

　대화의 분위기를 무르익게 하기 위해 상대방의 관심사에 맞춰 화제를 제공하고, 상대방의 생각에 긍정함으로써 서로 마음이 통하게 되는 것이다.

훌륭한 화제 선택이 필요하다

정해진 장소에서 중요한 사람과 만날 때 의외로 대화가 되지 않는 사람이 많다. 화제가 전혀 떠오르지 않고, 뭘 말해야 좋을지도 알 수 없게 된다. 이런 중요한 장소에서 상대방이 만족하는 대화가 될까 아닐까가 그 후의 일에, 나아가 인생에 커다란 영향을 준다.

'뭘 말하지? 마땅한 화제가 없어서……' 라고 말하는 사람이 많지만, 사실 화제는 무궁무진하다. 누구든 많은 화제를 갖고 있다. 하지만 그것을 꺼내 적재적소에 사용하는 사람은 많지 않다.

다음에 나오는 예는 화제를 꺼내는 키워드로, 한 번쯤 활용해 보기 바란다.

의 : 의복과 최신 유행에 관한 이야기

식 : 식생활과 음식에 관한 이야기

주 : 주말계획과 여행 등에 관한 이야기

가 : 가정과 어린아이에 관한 이야기

기 : 기후와 날씨, 고향 등에 관한 이야기

도 : 도락, 스포츠, 취미 등에 관한 이야기

유 : 뉴스거리에 관한 이야기

지 : 지인과 친구들에 관한 이야기

이런 키워드를 머릿속에 넣어두었다가, 그 자리에 적당한 화제를 제공하는 것이다.

특별히 신경을 써야 하는 것은 정치문제, 종교문제, 사람의 험담, 투정 등인데, 이런 류의 화제들은 위험성이 높으므로 가능한 한 하지 않는 것이 좋다.

존댓말을
올바르게 사용하라

존댓말의 종류를 정확히 알아야 한다

입사해 5년, 10년의 경험을 쌓은 중견 비즈니스맨이라도 상사나 고객들을 대하는 말솜씨가 서툰 경우가 많다. 특히 존댓말을 제대로 쓰지 못하는데, 사소한 것 같지만 자칫 인간관계를 나쁘게 할 수 있다는 사실을 염두에 두어야 한다.

존댓말은 크게 세 종류로 나누어진다. 존경어(상대방을 존경하고 경의를 표하는 것), 겸양어(자신을 낮추는 표현), 정중어가 바로 그것이다.

자신의 의사를 정확히 상대방에게 전하고, 상대방이 정확히 받아들이게 하려면 존댓말의 사용이 무척 중요하다. 존댓말은 상대방에 대한 배려와 성실성을 표현한 것이며, 그것으로써 자신에 대한 상대방의 신용도

달라진다.

한편으로, 존댓말은 말을 하고 있는 상대방과 이야기 중에 나오는 인물과의 차이를 메우기 위해 사용된다. 때문에 존댓말은 연령의 차이, 지위의 차이, 선배와 후배의 차이, 우열의 차이, 성별의 차이 등을 조화롭게 하기 위한 '조화어'이기도 하다.

존댓말의 잘못된 사용은 사회인으로서 실격!

존댓말을 잘못 사용하는 경우는 다음과 같다.

❶ 존댓말 부족
−사용해야 마땅할 존댓말을 상대방에게 쓰지 않는 경우로, 이것은 상대방과의 인간 관계를 나쁘게 한다.

❷ 존댓말 과잉
−상대방을 너무 배려한 나머지 생기는 경우다. 존댓말의 과잉은 특히 존칭 접미사를 너무 붙여서, 인격이 없는 개나 고양이한테까지 써버리는 경우를 말한다.

❸ 존댓말의 잘못된 사용
−이 경우는 상대방용과 자신용을 다르게 사용하는 데 있다. 말하는 사람은 신경을 못 쓰더라도, 듣는 사람은 의외로 민감하게 알고 있는 경우가 많기 때문에 주의가 필요하다.

위의 세 가지 경우 중에 가장 많은 것이 '존댓말의 잘못된 사용'이다.

"이 서류를 벌써 봤는지요?"

"그럼, 사양하시지 않고 먹겠습니다."

상대방에게 사용해야 할 존댓말을 자신에게 사용해버리거나, 겸양어를 상대방 입장에서 사용해버리는 경우다. 상대방의 동작과 상태에 대해 '보다', '먹다', '받다' 등의 겸양어를 사용하거나 말하는 사람의 교양을 의심하는 결과를 초래하기도 한다. 이 두 가지만 확실히 구별할 수 있어도 존댓말은 그렇게 무서운 것이 아닐 것이다.

존댓말은 상대방의 인격을 존중하는 것으로, 인간관계를 넓히는 데 매우 중요한 역할을 한다.

문어체보다
구어체를 써라

문어체로 말하지 마라

우리는 정해진 장소에 나가게 되면 왠지 평소에 쓰지 않던 어려운 말을 사용하는 경향이 있다. 이것은 무의식적으로 '남에게 바보취급 당하기 싫은' 마음이 움직이기 때문이다. 그 결과 말이 어려워져 듣는 사람이 이해하기 곤란해진다.

예를 들어, 회의석상에서 '본질적인 가치부여도 좋지만, 가치의 박탈도 일정의 메리트가 있습니다' 라고 말한다. 이 말을 듣는 사람은 무슨 말인지 이해하기 힘들다. 그에 비해 '칭찬만 할 것이 아니라 꾸짖는 것도 필요합니다' 라고 말한다면 훨씬 더 알기 쉽다.

문자는 몇 번이고 다시 볼 수 있지만, 말은 순식간에 사라져버린다.

그렇기 때문에 듣는 사람이 알아듣기 쉽게 말해야 한다.

· **문어체**
–손으로 표현하고, 눈으로 이해하는 것. '쓰다', '읽다' 등에 사용된다.
· **구어체**
–입으로 표현하고, 귀로 이해하는 것. '말하다', '듣다'에 사용된다.

들어서 알기 쉬운 말을 하기 위해서는 문어체가 아닌 구어체를 사용해야 한다.

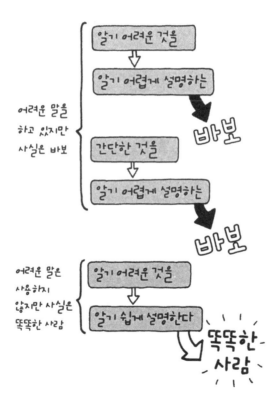

알아듣기 쉽게 말하는 요령

말을 상대방이 알아듣기 쉽게 하는 첫 번째는, 우선 말하는 사람이 무엇을 말하려고 하는지를 확실히 아는 것이다.

그 외에 듣는 사람을 쉽게 납득시키기 위해 다음과 같은 방법을 써보라.

❶ 주제와 서술어를 떨어뜨리지 않는다,

– '꽃이 피었다' 라고 말하면 누구나 알아들을 수 있다. 그러나 '꽃이'(주어)와 '피었다'(서술어) 사이에 여러 가지 말이 들어가면 알기 어려워진다. 주어와 술어가 떨어지면 떨어질수록 이해하기 힘들어진다.

❷ 전하고자 하는 요점의 수를 정리한다

–말을 알아듣기 쉽게 하기 위해 말에 강약을 붙이는 것이다. 이야기 속에서 말하고 싶은 것이 서너 가지가 있는 경우, 다음에서 다음으로 이어서 말하면 듣는 사람은 이해하기 어렵다. 자신은 용건을 모두 전한다 해도 상대방은 한두 가지를 잊어버리거나 놓쳐버린다. 그것을 막기 위해 '용건은 세 가지입니다. 그 첫 번째는……' 하는 식으로 하나하나 끊어서 말하면 상대방도 확실히 기억하거나 메모를 하기 쉬워진다.

◆ 알아듣기 쉽게 말하는 요령 ◆

① 주어와 서술어를 떨어뜨리지 않는다

② 요점의 수를 말한다

정확하고
간결하게 말하라

쓸데없는 말은 적게 한다

비즈니스 세계에서 사람들 앞에서 말할 때도, 1대 1 대화를 할 때도 간결하게 말해야 한다.

친절한 사람일수록 말이 길어지는 경향이 있다. 자신은 알기 쉽게 말한다고 하지만, 상대방은 '이 친구가 무슨 말을 하고 싶어 하는 걸까?' 하고 의아해한다.

일을 잘하는 사람은 적은 말로 많은 것을 표현하지만, 능력이 없는 사람은 작은 용건을 전하는 데 많은 말을 사용한다.

간결하게 말하려면 쓸데없는 말을 빼야 한다. 서론과 설명, 나쁜 말버릇, 중복되는 말, 억측과 쓸데없는 의견, 불필요한 예문을 줄이면 말은 깔끔해진다.

다음으로 이야기 초반에 자신이 말하고 싶은 것을 말하고, 내용을 명확하게 하는 것이다.

간결한 말에는 정확성이 요구된다. 따라서 뒷받침이 되는 자료를 충분히 정리해두어야 한다.

짧고 정확하게 말한다

회의 발언에서도 '저의 의견은 대리점의 수를 세 개로 늘리는 것입니다. 그 이유는 세 가지가 있습니다. 첫 번째는 ……' 등과 같이 간결하게 발언한 의견은 이해하기 쉽다.

간결하게 말하기 위해서는 다음과 같은 세 가지 조건을 지켜야한다.

❶ 문장을 짧게 하라

– 하나의 문장을 짧게 한다. 종이에 쓸 때 1행 반에서 2행 정도로 끝나게 한다. 짧은 문장 안에서 자신이 말하고 싶은 것을 명확히 한다. 그렇게 연속으로 만들어진 이야기가 쓸모 있는 말이 된다. 문장이 길면 길수록 듣는 사람은 혼란스러워진다.

❷ 수식어를 넣지 마라

– '일치단결을 기본으로 노력을 증진해왔습니다만, 목적 달성에서 그 염원 성숙의 기쁨을 나누는……' 등 말에 수식어가 들어가면 들어갈수록 그 의미가 모호해져버린다.

❸ 단어를 풍부하게 사용한다

– 말하고자 하는 것을 쉽게 전달하려면 세련된 말이 필요하다. 같은 표현이 반복되지 않도록 한다. 그러려면 신문이나 책을 많이 읽어 어휘력을 풍부하게 해야 한다.

간결하게 말하다

인상적으로
말하라

듣는 사람의 감정을 자극할 정도로 말한다

'그 사람의 말은 너무나 훌륭했어', '지금까지도 인상이 생생해' 라고 회자되는 이야기가 있다. 사람의 마음에 강한 인상을 남기려면 듣는 이의 감정을 자극할 정도가 되어야 한다.

듣는 사람에게 강한 인상을 남기려면, 무엇보다 화제 선택이 뛰어나야 한다. 그 장소에 적합한 화제가 제 1의 조건이지만, 그 중에서도 인간애를 테마로 하는 것은 많은 사람의 관심을 끌 수 있다.

부모자식간의 사랑, 남녀 간의 사랑, 부부간의 사랑, 가족 간의 사랑, 우정 등 사람과 사람의 마음이 이어지는 것은 듣는 사람을 감동시키는 화제다.

그 밖에 가슴속에서부터 불타오르는 노여움, 자연세계에 맞서는 슬픔과 두려움, 커다란 즐거움, 사회에 대한 헌신적인 봉사, 삶의 정보 등도 훌륭한 재료가 된다.

그러나 사람을 감동시키고자 할 때는 말하는 사람이 감수성이 풍부하지 않으면 안 된다. 사람의 말을 듣고 감동하고, 영화를 보고 눈물을 흘리는 것처럼 자신의 감수성을 키워야 하는 것이다.

인상적인 이야기

화제 선택이 중요하다

예를 들어

• 사람과 사람의 마음을 연결시켜주는 것
• 큰 기쁨과 깊은 슬픔
• 헌신적인 봉사
• 삶의 정보

문제 선택도 중요하지만 스스로 감수성이 풍부해져야 한다!

감화력이 강한 말을 사용한다

들는 사람에게 강한 인상을 남기려면 말의 사용 방법을 연구해야한다. 즉 표현 방법을 연구해 들는 사람의 마음을 파고드는 말을 해야한다.

❶ 감화력이 강한 말

감화력이 강한 말을 사용함으로써 들는 사람의 감성을 자극해야 한다.

–어느 날 밤 〉 차가운 비가 계속해서 내리는 추운 밤

–우리 딸의 손바닥을…… 〉 우리 딸의 단풍잎처럼 예쁜 손바닥을……

–급하게 결혼 했다 〉 놀라는 전격 결혼

❷ 비유어 · 의태어 · 의성어

–새소리, 꽃들이 웃는 봄이 찾아왔다. (활유)

–끼익, 쿵, 두근두근한다. (의성어)

–몸은 녹초가 되고, 손은 축 늘어지고, 눈은 반짝 뜨이고. (고사성어)

❸ 금언 · 명언 · 격언 · 말버릇

–부모님의 은혜는 산보다도 높고 바다보다도 깊다. (고사성어)

보디랭귀지를
적극적으로 활용하라

말을 도와주는 보디랭귀지

전하고 싶은 의사를 말로 표현하기는 무척 어렵다. 그것을 보조하기 위해 얼굴 표정, 눈빛, 행동거지, 손놀림, 태도 등을 활용한다. 이 보디랭귀지가 갖는 효과는 매우 크다.

말하는 사람의 눈동자의 움직임, 얼굴 표정, 몸동작을 보면 귀로 듣는 것뿐만 아니라 눈으로도 이해하고 빨려들어가게 된다.

서양인들은 말의 기쁨이나 슬픔을 표정으로 전달하는 방식에 익숙해 져 있다. 그래서 주변 분위기도 자연적으로 만들어진다. 하지만 동양인 들은 보디랭귀지가 서툴다. 자칫하면 쓸데없는 몸동작이 되어 상대방에 게 혐오감을 줄 수도 있다.

보디랭귀지는 어디까지나 이해를 돕기 위한 것으로, 자연스런 움직임이 아니면 안 된다.

필요한 곳에서 필요한 움직임을 한다

말을 하면서 무의미한 움직임을 하는 사람들이 있다. 그것은 단순한 버릇이지만 듣는 사람 입장에서는 산만해지는 역효과가 있다. 그러므로 꼭 필요한 곳에서 꼭 필요한 움직임이 아니면 안 된다. 세련된 보디랭귀지를 발휘하려면 평소에 많은 연습을 해야 한다.

❶ **표정으로 표현한다**(표정은 말의 내용과 일치되게 한다)
–희로애락을 거울을 보면서 표현해본다. 화가 났을 때는 화난 얼굴을 한다.
–눈을 움직이지 않은 채 눈이 향한 방향으로 얼굴을 돌린다.
– '앗! 비행기다'라고 말할 때는 잠시 동안 비행기를 보는 행동을 한다.

❷ **손이나 손가락으로 표현한다**(숫자나 방향, 의지를 표현한다)
– '세 가지를 말씀 드리겠습니다'라고 말하면서, 듣는 사람이 알기 쉽게 손가락 셋을 편다.
– '저쪽으로'라고 말하면서 한쪽을 가리킨다.
– '이번엔 반드시!'라고 말하면서, 주먹을 힘껏 지어본다.

이와 같이 말의 내용과 동작, 표정이 일치하면 말이 한층 더 생동감 있고 박력도 있어진다. 단, 같은 동작을 몇 번이고 되풀이하면 듣는 사람이 질릴 수도 있다는 점을 명심해야 한다. 특히 송별식같이 엄숙한 장소에서는 보디랭귀지를 삼가는 것이 좋다.

보디랭귀지를 연습해봅시다

환한 얼굴을 한다

눈으로만이 아니라
얼굴을 향한다

먼 곳을 바라본다

이번엔 반드시···

저 멀리···

세 가지 것을 ···

CHAPTER 5

비즈니스
대화술의
기본 원칙들
I

법칙 24

일의 성격을 정확하게 전달하고 실행하게 하라

-지시 · 명령

업무의 능률화는 정확한 지시로 가능하다

그룹의 리더는 부하직원의 능력을 최대한으로 끌어내고 그것을 조직 전체의 힘으로 만드는 의무가 있다. 그러기 위해 꼭 필요한 조건은 '훌륭한 지시'다.

그렇다면 훌륭한 지시란 어떤 것일까?

❶ 정확하게 전달하고
❷ 부하직원의 적극적인 의지를 일으키고
❸ 빨리 완전하게 실행시킨다

이 세 가지 요소가 충족되지 않으면 안 된다.

상사는 부하직원의 자존심을 존중하고 부하직원이 자발적으로 일에

115

참여하는 자세를 만들어주어야 한다. 단도직입적인 지시를 내리기 보다는 질문 형식으로 부하직원 스스로 생각하게 하거나, 상담을 하는 부하직원의 입에서 결론을 내리게 하는 방법을 취하는 것이 효과적이다. 과거의 상사 대 부하직원의 모델과 현대의 리더 대 멤버의 다른 점이 바로 여기에 있다.

부하직원의 자주성을 존중하는 것이 효과적으로 일의 능률을 높이는 방법이다.

지시받는 방법이 일에 대한 자세를 나타낸다

상사에게 인정받는 첫 번째는 대답하는 방법에 있다. 상사가 자신의 이름을 부르면 상사의 얼굴을 보고, 밝고 큰 목소리로 '예' 라고 대답한다.

이 대답 하나에 일에 대한 감사와 적극성이 나타나고, 상사와의 커뮤니케이션이 이루어진다.

상사의 신뢰를 얻기 위한 '지시받는 방법' 은 다음의 네 가지가 갖추어져야 한다.

❶ 적극적으로 지시를 받는다.
❷ 완벽하게 일을 해낸다.
❸ 일의 결과에 책임을 진다.
❹ 보고 의무를 다한다.

이 네 가지 조건을 충족시키려면 평소에 메모하는 습관을 길러야한다. 그리고 지시를 받는 도중에 '예', '예' 하고 밝게 대답한다.

상사의 지시가 끝나면 자신이 모르는 부분에 대해 정확하게 이해하게 될 때까지 질문한다. 지시 내용이 완벽하게 파악되면 한번 복창해본다.

이렇게 지시를 받은 다음에는 곧바로 일에 착수하고, 결과를 보고해 일을 마무리 짓는다.

일의 성격을 정확하고
간결하게 전달하라

−보고 · 연락 · 상담

정확하게 전달하는 데 신경을 쓴다

애매한 말은 오해를 불러일으키기 쉽다.

거래처에 전화를 한다.

"A사의 제품 있습니까?"

"지금 B사의 제품밖에 재고가 없습니다만, B사의 제품도 인기 있습니다."

"예, 그럼 어쩔 수 없네요. 좋아요."

이렇게 전화를 끊자 저녁에 B사의 제품이 배달되었다.

이것은 '필요없다' 라고 말했는데, 'B사의 것이라도 좋다' 라고 잘못 해석해버린 것이다.

일상생활에서 일어나는 말에 의한 오해는 사정을 설명하면 이해해줄 수도 있지만, 업무 중에 발생하는 오해는 회사의 신용문제가 걸려있기 때문에 사과만으로 해결되지 않는다.

'좋아요', '거의', '곧' 등 의미가 애매한 말은 가능한 한 사용하지 않도록 한다. 또한 동음동의어, 유의어, 전문용어, 외래어 등의 사용에도 신경을 써야 한다.

보고의 방법으로 평가가 결정된다

❶ 타이밍을 놓치지 말아야 한다.

-보고는 일을 마치고 나서 상대방이 묻기 전에, 타이밍이 좋을 때 해야 한다. 거래처로부터 주문이 들어온다. '급하게 주문해서 미안하지만, 내일까지 현장에 넣어주시기 바랍니다' 라는 말을 듣고 업체에 지시해 겨우 끝마쳤다. 이런 경우 주문을 받게 되어 감사한 상황인데도, 보고 의무를 게을리 하여 거래처로부터 확인 전화를 받는다.

"어떻게 된 겁니까?"

힘들게 지시받은 일을 수행하고도 보고의 타이밍을 놓쳤기 때문에 '그 사람 안 되겠네' 라는 인상을 주고 만다.

타이밍을 놓치지 않고 보고하는 것이야말로 평가를 보다 높이는 것이 된다.

❷ 결과를 먼저 말하고 경과는 나중에 설명한다.

-'결과를 먼저, 과정은 나중에 말한다'. 이것이 보고의 원칙이다.

보고를 받는 입장에서는 결과가 제일 알고 싶으므로, 우선 결과를 말하고 나서 경과를 말한다. 이 경우에는 자신의 개인적인 의견보다는 사실 그대로를 말하는 것이 좋다.

보고는 지시를 받은 상사나 거래처의 담당자에게 직접 하고, 그 내용이 복잡하면 보고서를 작성해 첨부하는 것이 좋다.

《보고의 원칙》

결과 ----- 먼저

경과 ----- 나중에

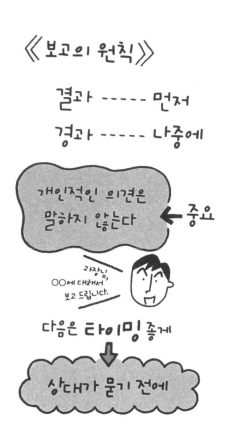

연락은 직장 분위기를 좋게 한다

직장에서는 상사에 대한 보고뿐 아니라 연락을 자주 함으로써 개개인의 행동과 일의 상황이 파악되어 활기를 띨 수 있다.

연락은 상사에게 결정사항을 전달하고, 직무상에서 얻은 정보를 알리고, 일의 과정을 전하며, 자신의 현재 위치를 명확하게 하는 등의 목적이 있다. 그와 함께 직장 분위기를 활력이 넘치게 만드는 역할도 한다.

연락은 보고와 같은 의무감이 없기 때문에 시기를 놓쳐버리는 경우가 많다. 경쟁사의 영업활동의 변화 등에 관한 정보를 입수했을 때는 전화로 신속히 연락을 취할 필요가 있다.

연락이 늦어져 중요한 사항을 잊어버리는 경우도 꽤 많다는 것을 상기하라.

밖으로 나와 버리면 그만인 식으로, 온종일 뭘 했는지도 알 수 없어서는 일류 비즈니스맨이 될 수 없다. 영업활동에서 휴대폰은 빼놓을 수 없는 무기다. 외근 중에도 자주 연락을 취하는 것이 좋다.

구두뿐 아니라 팩스나 서류로 연락을 취했을 때는 반드시 후에 확인을 하도록 한다.

서로간에 연락이 자주 이루어지면
직장은 활기를 띠게 된다!

신뢰받는 상담 방법

신입사원의 경우 직장에서의 인간관계, 일의 진행방법, 타부서와의 관계 설정 등 고민거리가 많을 수밖에 없다. 이런 고민은 한시라도 빨리 해결하지 않으면 안 된다.

하지만 이런 고민은 누구에게나 쉽게 상담할 수 있는 것이 아니다. 남의 고민을 자기 것처럼 생각해주는 사람, 적절한 해결책을 제시해줄 수 있는 사람을 선택해 상담해야 한다. 그리고 이런 종류의 고통은 일에 대한 의욕이 강해서 생기는 현상이므로 정정당당하게 말하는 것이 좋다.

상담을 잘하려면 다음의 네 가지 사항에 주의하라.

❶ 상담 상대방을 선정한다.(객관적으로 문제를 해결해주는 사람)
❷ 포인트를 정리해서 상담한다.(무엇을 상담할 것인가?)
❸ 자신의 의견을 확실하게 말한다.(저는 이렇게 생각합니다만……)
❹ 일에 대한 자세를 명확히 한다.

상담에 들어가기 전에 상담 내용의 핵심을 짚어 정리해본다. 그리고 더 적절한 조언을 해줄 수 있는 사람을 선정해 상담한다.

훌륭한 상담 방법

● 상담 상대를 선택한다

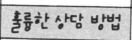

이 사람!

● 포인트를 정리한다

   "○○에 관해서는데요…."

● 자신의 의견을 확실하게 말한다

   "저는 이렇게 생각하는데요…."

논리적으로
설명하라

-납득, 설득

상대방을 납득시키는 설명

설명이란 자신이 말하고 싶은 것을 상대방에게 이해시키고 납득시키기 위한 행동이다. 그러한 목적을 이루기 위해 제스처를 곁들이면 더욱 효과적이다.

상대방을 납득시키려면 말의 순서를 고려하고, 이야기의 포인트를 정하고 거기에서 벗어나지 않게 말해야 한다.

누군가의 말을 듣는다고 생각해보자. 그 말을 이해하려고 할 때 반드시 머릿속으로 이미지를 떠올리며 듣고 있지 않는가. 말은 듣는 사람의 머릿속에 구체적인 이미지가 그려질수록 설득력이 높아진다.

구체적인 숫자를 설명할 때 비유법을 사용하면 이미지가 선명해진다.

'한여름 서울의 수도 사용량은 하루 ○○톤이나 된다. 경기도 전체의 *배에 해당한다.'

숫자만으로는 추상적이지만 비유가 들어가면 실감이 난다.

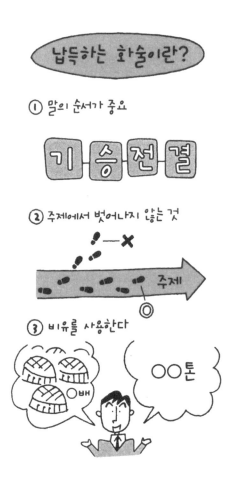

구체적인 설명으로 이미지를 그려낸다

'아침은 간단하게 해결 했습니다' 라는 표현보다 '아침식사로 우유 한 잔에 토스트 하나를 먹었습니다' 라고 말하는 것이 이미지를 떠올리기 쉽다.

'아침식사로 우유 한 잔과 토스트 하나' 라고 들으면 '아, 간단히 먹고 있구나' 라고 판단한다. 또 '정재 씨는 좋은 사람이구나' 라고 판단된다. 이것이 설명의 설득력이다.

설득력을 높이지 못하는 원인은 듣는 사람이 이미지를 떠올릴 수 없는 것에 있다. '아침은 간단하게 먹고 있습니다', '정재 씨는 좋은 사람이구나' 라는 이미지가 떠오르지 않으면 설득력이 없는 말이다.

설득할 때는 듣는 사람이 알 수 있도록 되도록 구체적인 말을 사용해야 한다. 또 애매한 말은 사용하지 말고 단정적으로 말해야 한다.

'이것으로 직장에서의 인간관계가 좋아진다고 생각한다' 가 아니라 '인간관계가 좋아진다', '직장의 능률도 높아질지 모릅니다' 가 아니라 '반드시 능률이 오릅니다' 라고 자신 있게 단정지어 말하면 듣는 사람을 납득시키기 쉽다.

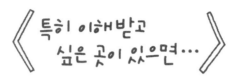

《 특히 이해받고
 싶은 곳이 있으면··· 》

① 구체적인 말을 사용한다

② 단정적으로 말한다

～일지도 모릅니다

～라고 생각합니다

'예스' 라는
말을 유도하라

-교섭, 설득

교섭과 설득이 성공하지 못하는 이유

설득은 행동의 동기가 된다.

'저희 회사와 계약해주십시오', '보증금을 올려주십시오', '지각하지 마', '영업실적을 올려' 등 이른 아침부터 밤늦게까지 교섭과 설득의 연속이다. 그런데도 교섭과 설득이 제대로 이루어지지 않는다. 그 원인은 어디에 있을까?

'교섭과 설득은 기술이 아니라 열의다. 열의와 성의만 있으면 사람은 움직이게 되어 있다'라고 말하는 사람도 있다. 분명 교섭과 설득에 열의가 빠지면 안 되지만, 아무리 열의가 있어도 자기 나름대로 이유를 대는 사람에게는 설득력이 없다.

설득이 성공하지 못하는 원인은 '인간은 자신의 욕망을 충족시키기 위해 행동한다'라는 기본적인 사실을 모르기 때문이다. 열의만으로는 움직이지 않는다.

행동을 일으키는 4가지 스텝

❶ 상대방에게 말한다.
–교섭과 설득을 성공시키려면 우선 상대방의 말을 듣는다. 상대방의 말도 듣기 전에 설득에 들어가면 실패한다. 상대방으로 하여금 말을 하게 해 그의 관심사, 가치관 등을 파악하고 설득점을 찾아야 한다.

❷ 상대방의 욕망을 북돋아준다.
–설득은 자신의 욕망을 충족시키는 것이 아니라 상대방의 욕망을 북돋아주는 것이다. 예를 들어 '자네가 지각하면 내 관리능력을 의심받아' 가 아니라 '자네가 지각을 하면 계장에게 결제를 못 받는다고' 라는 식이다.

❸ 나쁜 상태를 가리킨다.
–"매일 그렇게 지각하면 감원 대상이 되네. 작년 감원 때 그만둔 A는 아직까지도 취직을 못해서 부인이 일을 하고 아이도 학교를 중퇴했다더군."

❹ 구체적인 방법을 나타낸다.
–"내일부터 아침 6시 반에 우리 집에 전화를 하도록! 그러면 지각은 안 하겠지?"
이렇게 구체적인 방법은 맨 나중에 말하는 것이 효과적이다.

설득 = 행동을 일으키게 한다

① 상대의 관심사에서 설득점을 찾는다
↓
② 상대의 요구가 이루어지도록 설명한다
↓
③ 나쁜 상태를 알리고 경고한다
↓
④ 방법을 알리고 행동을 하기 쉽게 한다

법칙28

효율적인 의사 진행을 하라

-회의 진행

회의에서 사회자가 맡은 역할이란

기업이 번창하는 데 있어 빠질 수 없는 중요한 요소가 바로 '회의'다. 간부회의에서 부서장회의, 판매촉진회의, 기획회의, 영업회의, 대리점회의까지 날마다 여러 유형의 회의가 열린다.

그런데 자세히 살펴보면 비능률적인 회의가 너무나 많다. 때로는 각 부서의 다양한 구성원들이 머리를 맞대도 결론이 나지 않아 다음 회의로 미뤄버리기도 한다. 이는 전적으로 사회자의 운영능력에 문제가 있기 때문이다.

회의는 크게 네 가지 성격으로 나누어진다.

❶ 정보전달 회의
❷ 조정을 위한 회의

135

이 중에서 가장 중요하고 일상적으로 행해지는 것이 '문제해결을 위한 회의' 다.

사회자의 역할은 참석자로부터 의견을 내게 하고, 그에 관해 토의한 다음 결론을 내리는 것이다.

회의는 이렇게 진행하면 성공한다

회의를 순조롭게 진행하려면 사회자가 사전에 여러 가지 사항들을 체크하고 준비해야 한다.

❶ **의제를 좁게 한정한다.**
–회의의 성과가 나지 않는 것은 의제의 제출방법에 문제가 있다. 추상적인 의제를 내놓기 때문에 참석자들이 준비도 못한 채 참석하는 것이다. 당연히 좋은 의견이 나올 수가 없다.

❷ **진행예정표를 만든다.**
–의제가 정해지면 그것에 대해 분석한다. 문제점을 도출해낸다. 토론의 쟁점을 4~5개로 잡고 각각의 소요시간을 나눈다. 물론 중요한 문제에는 시간을 좀 더 할애한다. 이런 식으로 회의의 전체 시간을 구성해둔다.

❸ **회의에 필요한 서류를 정리한다.**
–회의 도중에 서류를 가지러 가지 않도록 사전에 준비한다.

❹ **회의 도입에 실수가 없도록 한다.**
–정각에 개회한다.
–의제와 목적을 말한다.
–회의에 걸리는 시간을 표시한다.
–제안자의 설명을 듣는다.
–토론의 쟁점과 토론시간을 표시한다.(시간이 되면 결론을 내리도록 유도한다)
–질문을 받는다.(이런 경우에는 질문과 의견을 확실하게 구분한다)

상대방에게 어떻게 받아들여질지 고려하라

-프레젠테이션

프레젠테이션을 성공시키는 3가지 조건

프레젠테이션이란 통상적인 영업 스타일의 경우와 설명회, 발표회, 회의 등이 있다. 대다수가 소집단에서의 기획 제안과 상품 설명, 기구 개혁에 관한 발표다.

프레젠테이션은 상대방에게 행동하게 하는 설득 요소가 가장 강하지만, 그러기 위해서는 설명과 표현 방법이 중요하다. 각종 시청각 자료의 사용이 그것을 증명한다.

장시간 공들여 짠 계획안도 프레젠테이션의 실수 하나로 무시되거나 큰 계약을 경쟁상대에게 빼앗기는 결과를 낳는다.

이 프레젠테이션을 성공시키기 위한 세 가지 조건이 있다.

즉 어떤 방법으로 전하느냐가 아니라 어떻게 받아들여지냐가 중요하다.

사전 준비에 따라 승부가 좌우된다

❶ 정보를 수집한다.

−기획 제안, 상품 설명 등 프레젠테이션 내용에 관한 정보를 가능한 한 많이 수집한다. 특히 상황의 변화와 마이너스 사례를 모아 내용에 깊이와 설득력을 갖춘다.

❷ 구성한다.(내용과 시간을 구성한다, 도입을 구상한다, 큰 골격을 세운다)

−연역법 : 결론(주제)을 먼저 말한다. 다음으로 주제를 이해시키기 위해서 구체적인 사례로 뒷받침한다.

−귀납법 : 문제점을 제기한다. 그것을 설명한 다음 결론을 짓게 한다.

❸ 시청각 자료를 준비한다.

− '백문이 불여일견' 듣는 사람을 납득시키기 위해 미리 도표, 그래프 등의 자료를 준비하고 흑판, 슬라이드, OHP기를 효과적으로 사용한다.

❹ 연습을 한다.

−회의장 구조를 연상하면서 실제 회의처럼 소리를 내어 연습한다. 이때 시간을 재고 시청각 자료의 사용 방법과 예상 문답 등도 연습해두는 것이 좋다.

프레젠테이션을 성공시키기 위한 4가지 조건

1. 정보 수집은 만능으로

2. 구성은 확실하게

3. 비주얼(그림, 도표, 사진)로 말한다

4. 연습은 열심히

자신을 자연스럽게
표현하라

-면접

자기 분석이 먼저다

당신은 자신의 일에 대해 어느 정도 알고 있는가?

다 알고 있는 것 같으면서도 의외로 모르는 것이 자신의 일이다.

자신은 어떤 성격이며 어떤 삶을 살고 있는가, 어떤 가치관을 갖고 있는가, 일과 상황에 대해 어떤 자세를 취하는가, 어떤 능력을 소유하고 있는가……. 이러한 것들에 대해 대부분의 사람은 잘 모르고 있다.

면접에서 자신을 표현하기 위해서는 우선적으로 자기 자신을 아는 것이 중요하다.

취직이 힘들 때라고 입사만 되면 아무 회사든 좋다는 식이어선 곤란하다. 입사하고 1년도 채 안 되어 회사 분위기가 자신과 맞지 않는다고 퇴사하는 사람들이 꽤 많다. 따라서 자신을 잘 파악하고, 어떤 회사가 맞는지를 잘 판단해서 결정해야 한다.

회사는 어떤 타입을 원하는가?

각 기업의 면접관은 지원자의 능력이나 지식, 업무 자질을 전적으로 원하지 않는다.

그렇다면?

회사라는 조직은 밝고, 적극적이고, 조직 안에서 협조할 수 있는 인간을 원하고 있다.

성공하는 자기 프레젠테이션의 요령은 네 가지가 있다.

❶ 자기소개를 1분으로 한다.
─자신을 내세우는 프레젠테이션에서 면접관에게 호감을 얻는 자기소개가 가능하다. 특히 자신의 장점과 단점을 명확히 한다. 그리고 앞으로 장점을 어떻게 살리고, 단점을 고치기 위해 어떤 노력을 할 것인지 확실하게 밝힌다.

❷ 명랑함을 보인다.
─명랑하고 활달한 사람은 조직에서 커뮤니케이션 능력을 발휘할 수 있다. 면접관의 얼굴을 향해 끊임없이 밝은 표정을 짓는다.

❸ 큰 목소리로 또박또박 말한다.
─적극적이고 책임감이 강한 것을 표명하려면 면접실로 들어갈 때부터 힘있고 씩씩하게 행동한다.

❹ 겸허하고 소박한 성격을 드러낸다.
─자신을 드러내더라도 겸허함과 소박함을 잃어서는 안 된다. 정중한 인사와 함께, 앉을 때 '실례합니다'라는 한마디로 성격이 드러난다. 질문에 대한 답변과 마찬가지로 이런 기본적인 동작에서 성격이 나타난다.

듣는 사람의
입장에서 말하라

-스피치

듣는 사람이 질리는 이야기란

최근에는 스피치를 할 기회가 무척 많아졌다. 그러나 재미없는 이야기를 해서 듣는 사람을 질리게 만들어서는 안 된다. 어디에 이런 원인이 있는 것일까?

❶ 말의 시작이 흥미롭지 못하다.(변명과 흔한 말)
❷ 이야기가 추상적이고 이론적이다.(설명의 연속)
❸ 듣고 있는 사람들과 상관없는 내용(자기 말만 한다)
❹ 웃음이 없다.

3분 스피치는 단거리 경주와 같아서 첫 스타트가 중요하다. 처음부터 변명을 늘어놓거나 재미없는 것을 말하면 듣는 사람이 따라오지 않는다.

이야기의 내용도 듣는 사람과 상관없이 자기한테만 해당하는 것이고, 그것도 추상적인 설명이 대부분이다. 게다가 웃음 한번 없으므로 듣는 사람이 질려버리는 것은 당연하다.

듣는 사람을 중심으로 말한다

어떤 사람이라도 자기 자신에게 관심이 강한 만큼 듣는 당사자에게 관심이 있는 것을 말한다. 그가 듣고 싶어하는 것은 그와 관련된 것이다.

❶ 첫마디를 신경쓴다.
–서두에 시선을 사로잡아야 한다. '만약 이 세상에 전기가 없어진다면, 당신은 살아갈 수 있겠습니까?'와 같은 질문을 하면 듣는 사람의 관심을 유도할 수 있다. 이렇게 서두를 꺼낸 다음 본론으로 들어가는 방식을 택한다.

❷ 화제를 생각한다.
–불특정 다수의 경우, 누구나 흥미를 갖는 화제를 생각하는 것이 좋다. 예를 들어 듣는 사람에게 이익이 되는 것, 호기심을 충족시키는 것, 지적 욕구를 충족시키는 것들은 이들로부터 환영받는 소재다.

❸ 실례를 들어 구체적으로 말한다.
–실례를 구체적으로 말함으로써 듣는 사람이 몸을 세워서 들어주는 이야기가 된다.

듣는 사람을 중심으로 생각한다

① 서두에 신경을 쓴다

② 화제를 듣는 사람이 흥미가 있는 것으로

③ 실례를 풍부하게 넣는다

상대방이
호감을 갖도록 하라

-전화

전화 대응의 3가지 원칙

전화는 비즈니스에서 최고의 무기다. 전화가 없다면 회사는 성립되지 않는다.

그러나 전화는 상대방이 손을 놓을 수 없는 일을 하고 있거나 고객과 상담 중이거나 상관없이 그것을 중단시키는 강제력을 가지고 있다. 남의 집에 예고 없이 들어가는 것이다.

전화를 사용할 때는 좀더 효과적으로 활용할 수 있는 기본적인 매너와 룰을 갖추지 않으면 안 된다. 현대는 변화와 진화의 시대, 누구도 그 예상과 현실에서 벗어 날 수 없다.

전화 내용의 세 가지 원칙은 다음과 같다.

❶ 빠르고 간결하게 말한다.(능률을 높인다)

❷ 정확하게 전달한다.(오해 없이 듣고 전해진다)

❸ 호감을 준다(정중하고 기분 좋게)

전화에는 거는 사람, 받는 사람, 연결해주는 사람으로 나누어지는데, 어느 경우라도 이 세 가지 원칙에 충실해야 비즈니스 전화를 효과적으로 사용하는 것이다.

매너는 성실성을 나타낸다

❶ 우선 자신의 이름을 말한다.

-"여보세요. A씨 집입니까? 아! A씨입니까? 안녕하십니까! 늘 신세가 많습니다. 저는 ○○기업의 B입니다."

이런 식으로 말하는 사람이 많지만, 이것은 실례되는 말이다. 상대방이 나오면 우선 자신의 이름부터 밝히는 것이 원칙이다.

❷ 용건을 먼저 말한다.

-'오늘 전화한 것은 청구서 마감일의 변경에 대한 것입니다', '오늘 전화 드린 용건은 세 가지가 있습니다. 첫 번째로 신입사원의 배속 건에 대해서……'라고 용건을 먼저 말하고 나서 나중에 설명에 들어가면 상대방도 머릿속에서 정리하기 쉽고 기억에도 남는다.

❸ 부재중 전화의 포인트를 메모한다.

-상대방이 부재중일 때가 있다. 그때는 당황해서 이런저런 이야기로 시간을 허비하지 않고, 걸기 전에 미리 포인트를 체크해서 간단하게 메모를 남기도록 한다.

❹ 받은 전화로 자신의 용건을 말하지 않는다.

-걸려온 전화에 대고 대뜸 자신의 용건부터 말하는 사람이 있다. 걸려온 전화는 상대방이 용건이 있기 때문에 건 것이므로 먼저 상대방의 용건부터 듣는 것이 매너다.

CHAPTER 6

비즈니스 대화술의 기본 원칙들 II

상대방의 자존심을
상하게 하지 마라

─꾸짖는 말

'혼쭐내기'와 '화내기'의 차이

'사람은 야단을 맞으면서 성장한다'라는 말이 있지만, 우수한 인재를 육성하기 위해서는 혼내는 것을 피해서는 안 된다. 그러나 부하직원을 혼내지 못하는 상사가 매우 많은 것이 현재의 상황이다.

혼내는 것은 상대방의 인격을 부정하고 자존심을 상하게 하는 것과 종이 한 장 차이일 뿐 아니라 문제가 발생하는 경우도 많다. 그것은 혼낼 생각으로 화를 내고 있기 때문이다.

제대로 된 혼쭐내기를 위해서는 '혼내기'와 '화내기'의 차이를 모르면 안 된다.

다음은 그 예이다.

혼낼 때는 같은 실패를 두 번 이상 되풀이하지 않도록 반성과 개선의 의욕을 확실히 갖게 해야 효과가 나타난다. 그러나 화를 냈을 때는 상대방이 반항심을 갖게 되어 같은 실패를 되풀이 하는 것을 막기 힘들다.

상대방의 자존심을 건드리지 말 것

"또 지각이야? 자네의 그 흐리멍덩한 성격은 부모한테 물려받은 건가?"

이런 식으로 혼쭐내면 반성할 마음이 생길까?

부하직원이 실수를 하면 실패한 사실보다도 부하직원의 인간성이나 인격을 혼내는 상사가 있다.

인간의 자존심은 쉽게 상처를 입는다. 부하직원의 자존심을 건드리면 그 순간에 상대방과의 인간관계가 나빠져 의욕마저 잃게 만든다.

사람이 자존심에 상처를 입는 경우는 다음과 같은 말, 장소다.

❶ 능력에 관한 말
–'쓰레기', '느림보'와 같은 말은 상대방의 감정까지 상하게 한다.

❷ 남과 비교하는 말
–특히 나쁜 것은 본인의 후배와 비교하여 혼내는 것이다.

❸ 본보기로 혼내는 말
–한 사람의 실패를 계기로 다른 사람까지 주의를 환기시킨다.

❹ 남 앞에서 혼낼 때
–혼낼 때는 1대 1로 혼내는 것이 원칙이다.

부하직원을 혼낸다는 것은 상사로서 인재 육성의 책임을 다하는 것이다.

부하직원이 실패를 반성하는 것뿐 아니라 일에 대해서 지금까지보다 더 열성을 보일 때 혼낸 효과가 나타나는 것이다.

혼낼 때는 애정을 갖고 혼내고, 그 후에는 부하직원의 행동을 따뜻하게 지켜보는 자세를 가져야 한다.

상대방에게
기대감을 심어줘라

-칭찬하는 법

'칭찬'과 '아부'는 다르다

혼내는 것과 칭찬하는 것을 잘하면 훌륭한 비즈니스맨이라는 말을 듣는다.

최근에는 부하직원을 칭찬하지 않는 상사가 늘어나고 있다. 이것은 '부하직원의 능력이 자기보다 뛰어나지 않을까?'라는 열등감과 함께, 남의 행복을 질투해 부하직원의 장점을 무시하려는 심리가 작용하고 있기 때문이다. 또 '칭찬하면 부하직원이 머리꼭대기로 기어오르니까'라고 말하는 사람도 있지만, 이것은 칭찬과 아부를 완전히 혼동하고 있다는 증거다.

> ❶ 칭찬하기
> -상대방에게 자신감을 갖게 하는 것. 신뢰관계가 두터워진다.

-커다랗게 확대해서 비행기를 태우는 것. 뒤에 흑심이 숨어 있다.

　칭찬한다는 것은 부하직원의 인격이나 행동을 정당하게 평가하고, 그 기분을 상대방에게 전하는 것이다. 그 결과 부하직원은 의욕이 생겨 더욱더 능력을 신장시키게 된다.

　칭찬받고 싶은 욕망은 자신이 채울 수 없는 것이며 기쁨도 크다.

칭찬하는 말은 능력을 키운다

칭찬하는 말은 왜 중요할까?

그것은 상대방의 가치관을 인정하고, 존재의식을 북돋아주는 힘을 지니고 있다. 그래서 상대방은 의욕이 생기게 마련이다. 의욕이 생기면 일에 대한 자신감이 생기고 능력을 신장시키는 결과를 낳는다.

동ㆍ서양의 교육적 차이는 '칭찬하는 교육' 과 '혼내는 교육' 에 있다.

혼내서 가르치고, 칭찬해서 자신감을 갖게 하는 것이 교육의 원리다. 특히 미국에서는 효과적으로 지적하고, 효과적으로 칭찬하는 교육을 철저하게 도입하고 있다.

당신은 주위 사람에게 얼마나 많은 말로 칭찬하고 있는가?

남의 단점이나 결점은 눈에 잘 띄지만, 장점은 의외로 눈에 띄지 않는 법이다. 제대로 칭찬하기 위해서는 주위 사람의 장점을 발견해내는 연습이 필요하다.

❶ 부하직원의 평소 행동이나 말투를 잘 관찰한다.

❷ 부하직원이 어떤 일로 고생하는지, 어떤 일에 매진하고 있는지를 파악한다.

❸ 평소의 활동 속에서 어떤 장점이 있는지를 발견해낸다.

❹ 그의 대인관계(상사, 부하직원, 거래처, 친구)에서 장점을 찾는다.

이런 것들을 기준으로 장점을 발견하면, 나중에는 구체적으로 칭찬하면 된다.

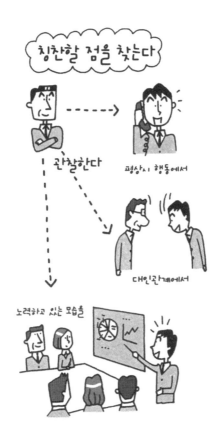

적절한 때에
정중하게 말을 돌려라

-거절하는 법

인간관계를 부수지 마라

누구라도 남의 부탁을 거절하기는 무척 힘들다. 특히 동양인들은 이런 경우 자신의 속내를 분명히 표현하는 데 서툴다.

분명하게 거절할 경우, 상대방과의 인간관계가 나빠지지 않을까 걱정되어, 크게 지장이 없는 거절 방식을 찾으려 애쓴다.

'생각해 보겠습니다', '어떻게든 노력해보겠습니다', '적극적으로 검토해보겠습니다' 등과 같이 어느 쪽으로도 해석할 수 있는 답변을 해 두루뭉술하게 넘기기 때문에 나중에 문제가 발생한다. 부탁한 쪽은 수락한 것으로 생각하고, 이쪽에서는 거절한 것으로 여기기 때문이다.

적절할 때에 꼭 필요한 것을 확실히 말할 수 없어서는 안 된다. 거절할 의사가 있으면 확실히 거절해 여운을 남기지 않아야 한다.

애매하게 거절했다

타이밍 좋게 거절한다

거절한다는 행위는 상대방의 기대를 저버리는 것이기 때문에 감정문제로 발전할 가능성이 높다. 특히 이전에 신세를 진 사람이나 상사의 부탁을 거절할 경우에는 적잖은 용기가 필요하다.

그런데 망설이다가 결국 거절의 말을 못하면 나중에 괴로워진다.

이와 반대로 상대방이 말을 꺼내기가 무섭게 '아, 안 돼요. 저한테도 무리입니다. 다른쪽을 알아보세요' 라고 기선을 제압해 거절하는 사람도 있다. 그러면 인간관계가 나빠지고 만다.

미련이나 감정을 남기지 않으려면 우선 상대방의 입장이 되어 신중하게 듣고, 타이밍을 놓치지 않고 거절해야 한다. 작은 문제라면 그 자리에서, 중대한 문제라면 2~3일을 두고 거절하도록 한다.

거절할 경우에도 상대방이 납득할 수 있는 이유를 반드시 말해줘야 한다. 그리고 기대를 저버리게 되어 미안하다는 말도 곁들어 해주는 것이 좋다.

❶ 상대방의 의견을 잘 듣고, 상대방의 입장에서 이해해본다.
❷ 진심을 담아서 미안하다고 말한다.
❸ 받아들일 수 없는 이유를 확실히 말한다.
❹ 거절할 타이밍을 놓치지 않는다.

거절한 후에도 서먹서먹한 분위기가 되지 않도록 자주 연락하고 지낸다.

잘 거절하는 순서

① 상대의 입장을 이해한다

② 처음과 마지막에 사과한다

③ 안 되는 이유는 확실히

④ 타이밍이 전부

예의를 갖춰
대하라

-부탁하는 법

부탁이 서툴면 휘둘린다

직장에서 다른 사람들은 느긋하게 담소를 나누면서 일하고 있는데, 언제나 자기 책상에 산더미 같은 서류를 쌓아놓고 바쁜 듯이 일을 하는 사람이 있다. 이런 사람은 분명 부탁이 서툰 사람이다. 주위에 있는 동료에게 일을 도와달라고 하면 좀 더 효율적으로 일할 수 있고, 새로운 일을 착수할 수도 있을 텐데 말이다.

일에 쫓기는 것이 아니라 일을 쫓는 비즈니스맨이야말로 능력 있는 사람이다. 그러기 위해서는 부탁을 잘하는 것이 그 열쇠다.

그렇다면 부탁이 서툰 원인은 뭘까?

'첫째 상대방에게 폐를 끼치고 싶지 않다', '둘째 거절당해서 자존심이 상할까 두렵다', '셋째 부탁하는 이유를 설명하기가 귀찮다', '넷째 인간관계를 나쁘게 하고 싶지 않다' 등이다.

예의바른 말로 부탁한다

우리는 누구에게도 속박 받고 싶지 않다는 자유본능을 가지고 있다.

상사에게 지시를 받는다. 남에게 속박 받게 되면 긴장감에 휩싸여 빨리 이 상태에서 벗어나고 싶다는 욕구가 강해진다. 그래서 많은 사람들이 지시를 받거나 부탁받기를 싫어하는 것이다.

이런 본능을 극복하고 상대방에게 기분 좋게 부탁하려면 그에 따른 예의를 갖춰야 한다. 상사가 부하직원에게 부탁하더라도 예의를 갖춰 대하는 것이 제 1의 조건이다. 그리고 부탁하는 말을 꺼낼 때는 상대방의 심리상태를 고려하지 않으면 안 된다. 일에 집중하고 있을 때보다 한숨 돌린 상태가 더 효과적일 것이다.

❶ 상대방의 심리상태를 확인한다.
–받아들여지기 쉬운 때, 장소, 기회를 고려한다.

❷ 우선 폐 끼치는 것을 사과한다.
–상대방의 자존심을 존중해서 겸허한 자세로 말한다.

❸ 부탁하는 말을 확실히 한다.
–말하기 힘든 것이라도 용건은 확실히 말한다.

❹ 이유를 납득하도록 이야기 한다.
–부탁하게 된 이유를 말한다.

위의 순서대로, 애매한 표현이 아닌 알기 쉽게 이야기 하라.

법칙 37

겸허하게 듣고
내정하게 판단하라

―결론짓는 법

지혜를 나누는 대화

직장에서는 회의와 별도로 여러 명이 대화할 기회가 많다.

남의 의견을 듣고, 자신의 의견을 내놓고, 그것을 합쳐 1 더하기 1을 4로 만든다. 대화의 정신은 '지혜의 나눔'이다.

그런데 대화의 유일한 결점은 결론에 도달하지 않는 경우가 많다는 것이다.

그렇지만 그 안에 사회자의 역할을 지닌 사람이 있다면 진행도 부드러워지고, 효과적인 결론을 이끌어낼 수 있다. 그만큼 의견을 모으는 역할은 매우 중요하다.

직장에서도, 사생활에서도 몇 명만 모이면 반드시 그 안에는 중심을 잡아주는 인물이 있다. 이 사람은 멤버들에게 두터운 신뢰를 받고 있는 인물이다. 이제부터는 당신이 리더십을 발휘해 그 중심이 되어보라.

《정리하는 사람이 대화를 좌우한다》

참 가 자

정리하는 사람

냉정 · 공평 · 인내

중요한 것은
결론을 내는 것

잠재적인 사회자가 되어보라

대화 중에 사회자는 없지만, 이야기의 효과를 얻으려면 당신이 잠재적인 사회자가 되어야 한다. 실제로 사회자를 믿지 않아도 자기 자신이 사회자가 되었다는 생각으로 대화를 진행해보라. 이것은 직장뿐 아니라 가정에서도, 친구관계에서도 마찬가지다. 언제 어디서든 사회자의 능력을 발휘하고자 하는 것이 자기 자신을 닦는 일이다.

잠재적인 사회자로서의 마음가짐은 첫째 냉정한 판단을 하고(대화는 논쟁이 아니기 때문에 신경을 곤두세울 필요가 없다), 둘째 멤버들을 공평하게 대하고(직급이나 발표를 잘하는 사람에게 치우치지 않는다), 셋째 인내심을 가져야(자기 의견을 고집하는 사람을 잘 설득한다)한다.

또 잠재적인 사회자는 남의 의견을 겸허하게 듣고, 소수의 의견도 존중하며 중요하게 대해야 한다.

❶ 문제점을 찾아 대화 포인트를 확실히 한다.
❷ 이야기가 벗어나지 않도록 한다.
❸ 듣고만 있는 사람에게 질문을 던져 의견을 듣는다.
❹ 시간과 진행상황을 체크해 결론에 들어간다.
❺ 대화의 결론을 요약해서 반복한다.

CHAPTER 7

말하기 힘든
상대방에게
대처하는 방법

체형으로 상대방의 성격을 꿰뚫어보라

체형은 성격을 나타낸다

체형에는 그 사람의 성격이 나타난다.

육체적으로 우월감을 갖고 있는 사람은 가슴을 펴고 당당하지만, 자기중심적이어서 남에게 무시를 당하면 화를 겉으로 드러내는 결점이 있다.

또 육체적으로 열등감을 갖고 있는 사람은 내향적이어서 늘 저자세이므로 등이 굽는다. 이런 사람은 성격이 소극적인 반면, 남의 아픔을 공감해주는 다정함과 참을성을 갖고 있다.

얼굴 표정도 마찬가지다. 화를 잘 내는 사람은 자연히 눈이 사납고 눈꼬리가 올라가며, 늘 웃는 사람은 눈꼬리에 주름이 생긴다.

이렇게 성격이 체형을 만드는 경우도 있지만, 반대로 체형이 성격을

179

만드는 경우도 있다.

 체형에서 그 사람의 성격을 읽고, 그에 맞춰 대화를 하는 것도 필요하다.

체형에 따른 성격별 공략법

❶ 키가 큰 사람
−성격은 부드럽지만 마음이 약하다. 매너는 좋지만 어울리기 힘든 분위기도 가지고 있다. 생활양식은 동양식보다 서양식을 좋아하는 경험이 있으며, 이런 타입은 합리적인 이론파가 많기 때문에 감정적으로 대화하기보다는 이론을 내세워 이야기하면 쉽게 공감한다

❷ 키가 작은 사람
−억척스럽고 남에게 지는 걸 싫어한다. 노력파로, 일에 대한 자세도 적극적인 타입이다. 상대방을 깔보는 태도를 취하는 경향이 있지만, 이 성격에 휘말리면 잘 정리되던 이야기도 없던 것이 되기도 한다. 이런 타입에게는 주도권을 갖게 하는 것이 좋다.

❸ 땅딸막한 형
−유연해서 사고가 안정된 성격이다. 인격은 솔직하지만 자만하는 경향이 있다. 일에 대한 책임감은 강한 반면, 쉽게 질리는 면도 있다. 장난스러워서 분위기를 잘 타는 타입이므로 논리보다는 칭찬하는 말을 사용해 감정적으로 대화하면 효과적이다.

❹ 근육질 형
−감수성이 풍부하기 때문에 성격 변화가 크고 정열적이며, 결단력이 빠르다. 단도직입적으로 이야기 하는 것이 좋다.

≪ 체형에 따른 성격 ≫

〈키가 큰 사람〉에게는

→ 이론을 내세워서

〈땅딸막한 형〉에게는

→ 칭찬하는 말로

〈키가 작은 사람〉에게는

→ 주도권을 준다

〈근육질 형〉에게는

→ 단도직입적으로

법칙 39

헤어스타일과 색깔로
상대방의 성격을 파악하라

장신구는 소망의 표현이다

긴 머리나 짧은 머리, 혹은 수염을 기르는 등 패션은 자기표현의 최대의 수단이다. 이는 자신의 개성을 살리는 것보다는 자신의 바람을 나타낸다고 할 수 있다. 그 바람에는 성격이 담겨 있고, 장신구 등에서 성격을 꿰뚫어볼 수 있다.

· **장발, 수염, 화려한 복장**

－장발이나 수염은 남의 이목을 끌고 싶다는 자기 현시욕의 증거다. 자신의 능력을 크게 드러내어 남의 관심을 끌고 싶어 하는 바람이 나타난 것이다. 이 타입에게는 적극적인 관심을 보이며 칭찬하는 것으로 마음의 문을 열 수 있다.

· **단발, 예리한 눈빛, 수수한 복장**

－정의감이 강한 타입이다. 다른 사람 앞에서 상부에 의견을 말해 허세를 보이는 인간

183

인간의 성격 유형에는 적극적인 형과 소극적인 형, 밝은 형과 어두운 형이 있다고 하지만, 본래는 한 명의 인간이 그 양면을 갖추고 있다. 성격으로 나타나는 것은 단지 어느 부분이 더 강해 보이느냐이다.

'좋아하는 색깔'로 성격이 나타난다

사람은 각각 좋아하는 색깔이 있다. 그날의 기분에 따라 변하기도 하지만, 전체적으로 늘 호감을 갖는 색깔로 성격을 꿰뚫어 볼 수 있다.

❶ 빨강

–매사에 정열적이고 활기가 넘친다. 작은 일에 연연하지 않는 낙천적인 성격인 반면, 투쟁심이 강하다. 감추지 말고 개방적으로 이야기하면 좋다.

❷ 검정

–싫어하는 것이 있더라도 무작정 참는 성격이다. 한계에 도달하면 자기주장을 펼쳐 남을 설득하는 힘을 갖고 있다. 상담화법이 좋다.

❸ 노랑

–남들보다 위에 서기를 좋아하는 밝은 성격이다. 사소한 트러블 정도는 마음에 품지 않고, 무슨 일이든 흥미를 보인다. 반면 흐릿한 면도 있다. 부탁을 할 때는 기한을 제시하는 것이 좋다.

❹ 파랑

–온화하고 이성적인 성격이다. 주위에서 신뢰가 두텁지만, 때로는 너무 조용해 차가운 사람이라고 오해를 사기도 한다. 감정보다 이성에 호소하도록 한다.

❺ 하양

–주위의 흐름에 순종할 수 있는 솔직한 성격이다. 남을 공격하거나 자신의 의견을 주장하는 일도 적다. 방향을 확실히 보여주며 지도하는 화법이 좋다.

'좋아하는 색깔'에 따른 성격

파랑 — 냉정

검정 — 참을성이 강함

노랑 — 호기심 왕성

빨강 — 정열적

하양 — 솔직

상대방의 행동 속에 감춰진 심리를 놓치지 마라

행동으로 말하라

인간의 심리상태는 그 사람의 평상시 행동에 나타난다. 그 행동으로 상대방의 성격을 파악하고, 이야기하는 방법을 찾을 수도 있다.

❶ 이야기 도중 양복 단추를 풀거나 윗도리를 벗는다.
−상대방이 마음의 문을 닫고 자신의 진영에 들어왔다는 것을 의미하기 때문에, 너무 딱딱한 이야기는 빼고 친숙함을 담아 이야기하면 효과적인 결과를 얻을 수 있다.

❷ 명함을 한 손으로 내밀거나, 앉은 채로 명함을 받는다.
−뻔뻔한 성격으로, 자신의 일밖에 관심이 없는 타입. 이때 상대방의 불쾌한 행동에 화를 내면 이쪽이 지는 꼴이다. 상대방이 흥미를 느끼는 화제를 내놓아 관심을 끌어야한다.

-주위를 신경 쓰는 소극적인 타입의 성격이다. 템포가 빠른 이야기보다는 시간을 들여 천천히 이야기하고, 결론을 서두르지 말아야 한다.

행동이 나타내는 내면과 이야기 진행법

❶ 기도하듯 양손으로 코끝을 감싸고 눈을 감고 생각한다.

–내향적인 성격으로, 우유부단하고 결단력이 약하다. 이런 타입에게는 상담보다 지시하는 형태를 취하는 것이 상대방을 더 편하게 해준다. 갑자기 이야기를 꺼내기보다 먼저 예고를 해두고, 정중히 그 이유를 설명하면서 명령조로 결단을 재촉하는 것이 좋다.

❷ 상대방을 향해 손바닥을 보여주며 '봐주세요'라는 포즈를 취한다.

–자의식이 강한 반면, 자존심이 다치기 쉬운 성격이다. 자부심이 강해서 많은 사람에게 인정받고 싶어 하지만 자존심을 다칠까 무척 두려워한다. 칭찬하는 말을 사용해 상대방을 존중해주면 협력하는 태도를 취한다.

❸ 엄지와 검지로 턱을 고이고 생각한다.

–성격 변화가 심하고 외골수인 성격이다. 특히 투쟁심이 강하고 이론이 서지 않는 일에는 반발한다. 원하는 것을 논리 정연하게 설명하여 설득하기보다는 의뢰하는 방법을 선택하는 것이 좋다.

❹ 상냥한 얼굴로 언제나 팔을 걷어붙이기를 좋아한다.

–밝고 개방적인 반면, 급한 성격이다. 남에게 추궁을 받거나 제압당하는 것을 싫어하기 때문에 서툴게 잔꾀를 부리지 말고 간결하게 정리하여 직접적으로 표현하는 것이 좋다.

《 행동별 이야기 진행법 》

명령조로 결단을
재촉한다

설명보다 위로가
효과적

칭찬을 많이 해준다

직접적인
표현이 좋다

긍정적으로 듣고
분명하게 말하라

—성격이 맞지 않는 사람과의 대화

상대방의 입장에 서본다

우리는 흔히 '마음이 맞는다', '뜻이 맞지 않는다' 라고 말한다. 세상에는 마음이 맞는 사람이 있으면 맞지 않는 사람도 있다. 마음이 맞지 않는 사람을 분석해보면, 자신과 의견이 맞지 않는 사람일 것이다.

하나의 일을 결정하는 데도 찬성과 반대, 오른쪽과 왼쪽, 진행과 스톱으로 의견이 나뉜다. 여러 생각들이 모여 진로가 결정된다. 반대 의견이 있기 때문에 전체가 보인다. 그렇기 때문에 반대 의견이 없으면 건전한 방식이라고 할 수 없다.

이런 식으로 생각하면 자신과 맞지 않는 사람의 의견이 자기에게 가치가 있다라는 것을 알 수 있다. 자신과 맞지 않는 사람과 이야기할 때는 모든 것을 상대방의 입장에서 생각하는 것이 중요하다.

예를 들어, 회의에 싫은 사람이 결석했을 때 '좋았어!' 라고 좋아하지 말고, 회의가 끝난 다음 그 사람을 만나 '당신의 건설적인 의견을 듣고 싶었습니다' 라고 말하며 의견을 구해보라.

'예스 반응'을 사용해 장벽을 없애간다

자기 입장에서 생각하고 그것을 상대방에게 인정받으려고 하니, 상대방 역시 똑같이 자기 입장에서 생각하고 고집을 부린다.

사람은 다른 사람과 의견이 다르면 순간적으로 고집을 부리며, 다음으로 공격태세를 갖추기 시작한다. 여기에서 자신과 맞지 않는다는 의식이 생겨난다.

싫은 상대방과 이야기할 때는 서로가 자신의 것을 고수하려는 태도를 버려야 한다.

❶ 상대방의 의견을 긍정적으로 듣는다.

–다른 사람의 의견을 긍정적으로 들어야 한다. 이것은 시선, 맞장구, 끄덕임 등으로 나타난다. 상대방의 이야기는 도중에 끊지 말고 끝까지 들어줄 것. 이런 태도는 상대방의 진의를 파악하고 부연설명을 듣는 데 효과적일 뿐 아니라 그의 말을 들어준 것으로써 신뢰감이 생긴다.

❷ 상대방에게 이야기를 맞춘다.

–상대방의 의견에 이야기를 맞추는 것으로 서로에게 '예스 반응'이 생긴다. 이 '예스 반응'이 많으면 많을수록 무장해제 된 마음의 문이 열린다.

❸ 상대방의 의견을 인정하고 자신의 의견을 말한다.

–이것은 '그래, 그러나……'식으로, 자신의 의견을 말하면 상대방도 저항 없이 듣는 태도를 취한다.

《Yes, but 방식》

상대방에게
관심을 가져라

-싫은 사람과의 대화

싫어하면 미움을 받는다

인간이 일생 동안 할 수 있는 일의 양은 그 사람이 갖고 있는 인간관계의 양과 질로 결정된다. 일의 성과를 올리는 행복한 인생을 설계하려면 좋은 인간관계를 폭넓게 가져야 한다. 그리고 좋은 인간관계를 만든다는 것은 스스로가 많은 사람들에게 호감을 주는 인간이 되는 것을 말한다.

직장에서 가장 중요한 것은 예나 지금이나 인간관계다. 직장 안에는 틀림없이 싫은 상사가 있고 싫은 동료가 있다. 인간은 감정의 동물이다. 따라서 상대방이 호감을 갖고 있는지, 싫어하는 감정을 갖고 있는지 금방 알 수 있다. 자신이 싫으면 상대방도 싫어한다. 그리고 남에게 미움을 받으면 아무리 설득하고 설명을 해줘도 상대방은 들어주지 않는다. 이러면 이야기의 효과가 있을 리 없다.

　상대방을 바꾸려면 우선 자기 자신을 바꾸고, 상대방을 진심으로 좋아하라. 사람을 좋아하게 하려면 상대방의 장점을 평가하는 노력을 하지 않으면 안 된다.

성실한 관심을 보인다

싫은 상대방과 좋은 인간관계를 만드는 방법은 상대방에게 관심을 보이는 것이다.

사람이 가장 관심을 갖는 것은 무엇인가? 그것은 자기 자신이다. 그래서 사람은 자신의 일만 생각하고, 남에게 인정받고 싶어 한다.

남에게서 관심을 받고 싶어 하는 것은 인간의 본능적인 욕망이다. 그러나 이 본능적인 욕망이 좀처럼 충족되지 못한다. 자신의 일은 관심을 받았으면 좋겠다고 하면서 남에게는 전혀 관심을 기울이지 않는 것은 왜일까?

싫은 사람과 관련된 것들은 생각하기도 싫다. 더구나 상대방의 장점을 인정하기는 더더욱 싫다. 이것이 인간의 원초적인 감정이다. 그러나, 이런 식이면 언제까지라도 인간관계는 좋아질 리 없다.

'당신은 지금까지 회사에 커다란 공헌을 하고 있군요', '그 힘든 일을 해결하셨군요. 제일 힘들었던 점은 무엇이었습니까?' 라고 상대방에게 관심을 보여라. 상대방에게 성실한 관심을 보이고, 그것을 말과 행동으로 나타내는 것이 바로 호의를 보여주는 것이다.

인간관계는 상호 교환이고, 자기가 상대방에게 베풀어준 것은 반드시 자신에게로 돌아온다.

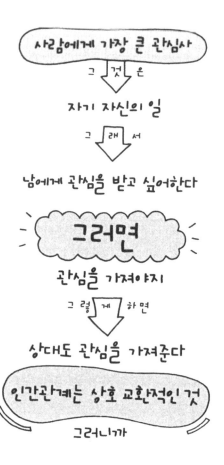

사람에게 가장 큰 관심사

그 것 은

자기 자신의 일

그 래 서

남에게 관심을 받고 싶어한다

그러면

관심을 가져야지

그 렇 게 하면

상대도 관심을 가져준다

인간관계는 상호 교환적인 것

그러니까

198

CHAPTER 8

많은
사람들과
대화할 때의
요령

법칙 43

상대방이 긴장하지 않게 배려하라

-2대 1의 대화

압박감을 주지 않도록 한다

회사 응접실에서 혼자 두 명의 고객을 응대한다. 혹은 사생활에서도 한쪽은 둘이고 한쪽은 혼자일 때가 있다.

2대 1의 경우, 혼자인 쪽은 긴장한 나머지 말과 행동을 의식해 부자연스러울 때가 있다.

반대로, 당신이 업무상 다른 회사를 방문했다고 하자. 상대방 회사 직원 두 명을 상대로 대화하면 압박감을 받아 긴장하기 마련이다. 더욱이 상대방이 자신보다 연장자이거나 지위가 높다면 당연히 위축될 수밖에 없다. 두 명이 자기를 바라본다는 것만으로도 자의식이 과잉되어 방어 본능이 발동한다. 이러면 형식상의 대화만 나눌 뿐 효과를 높이기는 힘들다.

이쪽이 두 명이고 한 명의 사람을 만나는 경우, 상대방이 갖게 될 압박감부터 없애지 않으면 안 된다. 즉 분위기를 고려해야 하는 것이다.

분위기를 고려한다

상대방의 방어태세를 없애려면 대화를 하기 전에 분위기 조성부터 고려해야 한다. 이쪽은 두 명이기 때문에 기분을 위축시키지 않도록 한다.

❶ 책상을 사이에 두고 마주 보게 되면 대결자세가 되기 때문에, 책상의 각을 사이에 두고 옆으로 앉는 것이 좋다. 그리고 상대방이 얼굴에 햇빛을 받지 않게 창문을 등지고 앉게 한다.

❷ 앉는 의자도 자신들 쪽을 조금 낮춘다. 상대방이 심리적으로 말하기 편안하게 해주는 것이다.

❸ 상대방이 긴장을 풀도록 이쪽은 계속해서 밝은 표정을 지어준다. 시선은 다정하게, 상대방을 포용하는 듯한 눈빛을 보낸다. 태도 역시 중요하다. 상대방이 자기보다 젊더라도 예의바른 태도로 대한다.

❹ 말의 사용, 특히 존댓말 사용에 신경을 쓴다. 초면일 경우 너무 친한 듯이 대하면 경멸한다는 인상을 줄 수 있으므로 주의한다.

❺ 상대방에게 다정함을 전하는 것은 목소리의 조절이다. 음량이 마음의 상태를 전한다.

❻ 좋은 상대가 되어, 상대방이 이야기를 하도록 유도한다. 질문을 던져 상대방이 말을 하도록 해 경계심을 풀어준다.

상대방이
창문을 등지도록

책상의 각을 끼고 앉는다

밝은
표정으로

- 사용하는 말에 신경을 쓴다

- 목소리로 안심시킨다

- 질문을 던져 상대방이
  이야기를 하게 한다

법칙 44

침묵하는 사람이
없게 하라

-2대 2의 대화

자신의 입장에서 정보를 준비해둔다

상사와 함께 거래처에 인사를 하러 간다. 신상품 판매장에는 기술자
와 같이 간다. 클레임 처리로 담당자와 함께 간다 등 직장에서는 2대 2로
대화하는 경우가 많다.

이런 경우 직책이 높은 사람들끼리 이야기를 하게 되어, 부하직원은
단지 따라가는 사람이 되어 잠자코 있어야 할 때가 많다.

직책이 높은 사람이 있는 곳에서는 가만히 앉아 있는 것이 겸손함을
나타내는 것이라고 생각하기 쉽지만, 이는 잘못된 생각이다. 물론 너무
참견하는 발언은 피해야 하지만, 자기 입장에서의 발언은 적극적으로
하는 것이 좋다. 그러지 않으면 네 명이 한자리에 모인 의미가 없는 것
이다.

2대 2로 이야기할 경우, 사전에 상대방의 정보를 가능한 한 많이 모아 상대방의 욕구나 관심사항을 파악해두는 것이 좋다. 그러한 정보는 질문을 던지는 포인트가 된다.

전원이 대화할 수 있는 상황을 만든다

2대 2로 이야기할 경우, 네 명이 이미 서로 알고 있는 사이라면 화제도 있고, 금세 호의적인 분위기로 말할 수 있기 때문에 별 다른 문제가 없다. 문제는 네 명 중 몇 명이 초면인 경우다. 당연히 소개부터 먼저 하게 되는데, 이 소개하는 방법이 앞으로의 이야기를 성공시키느냐 못 시키느냐의 열쇠가 된다.

동양인들 중에는 타인을 소개하는 데 무척 서툰 사람들이 많다. 거래처를 방문했을 때, 예를 들어 상사라도 자기 쪽 사람을 상대방에게 소개할 수 있는 정도의 상식은 알고 있어야 한다.

2대 2의 이야기를 성공시키려면 다음 사항들을 반드시 알아두어야 한다.

❶ 대화는 전원 참가가 원칙, 4분의 1은 발언할 의무가 있다.
-상사를 제치고 발언하라는 것이 아니라 상대방에게 질문을 던져 말을 유도하는 정도의 참가의식을 갖지 않으면 안 된다.

❷ 상대방과 자기편에 대한 존댓말 사용에 주의한다.

❸ 세상 이야기로 시작해서 분위기를 만든다.
-공통의 화제를 내놓아 상대방 중심으로 만든다. 분위기를 만드는 것이 목적이기 때문에 절차나 종교 등 논쟁거리가 될 것 같은 화제는 피한다.

❹ 대화가 일방적으로 흐르지 않게 배려한다.

법칙 45

잠재적인
사회자가 되라

-3대 3 이상의 대화

객관적인 입장에서 교통정리를 한다

3대 3 이상의 대화는 다들 바쁜 중에도 참석한 것이기 때문에, 참가자 전원이 에티켓을 지키며 진행하지 않으면 안 된다.

그런데, 이럴 때는 쌍방에 자신들의 연대감이 고양되어 직업의식이 강해지는 법이다. 이것은 상대방의 입장보다 자신들의 입장을 지키려고 하는 것으로, 때로는 감정이 격해지기도 하고 주제에서 벗어나 엉뚱한 방향으로 흘러가기도 한다.

이 정도의 대화는 회의와 달리 교통정리를 할 사회자도 없을뿐더러 결실을 맺는 결론을 끌어내기도 힘들다. 많은 성과를 올리기 위해서는 앞서 말한 대로, 당신 자신이 잠재적인 사회자가 되어 이야기를 건설적으로 유도해야 한다. 또는 모임을 유도하고 있는 사람에게 협조를 구해

잠재적인 진행자를 맡는 것도 좋다. 이것은 일뿐만 아니라 친목모임에서도 마찬가지다.

참가자로서의 마음가짐

3대 3 이상의 대화에서도 전원이 의견을 내어 그것을 가지고 좋은 결론을 유도하는 것이 목적이다. 따라서 참가자는 의견을 낼 의무가 있다.

그러나 많은 사람들 중 한 사람으로서는 당연히 발언시간도 7분의 1 또는 8분의 1로 제약을 받는다. 약속된 짧은 시간 안에서 발언한다. 이때 자신의 의견에 설득력을 높이기 위해서는 표현력이 중요하다.

발언은 논지가 명확하고, 논리가 맞아 알아듣기 쉬워야 한다. 그래서 자신이 말하고 싶은 것을 주제화시켜 20자 이내로 정리해본다.

'제가 말하고 싶은 것을 한마디로 말하자면……' 이라고 언급하고 보충설명을 한다면, 듣고 이해하기가 쉬워져 상대방을 납득시킬 수 있다. 이 설명도 주절주절 두서없이 말하지 말고 짧은 문장으로 알기 쉽게 말한다.

특히 이 과정에서는 말할 때 목소리에 힘을 주어 말하는 것이 좋다. 목소리의 크기는 설득력과 연결되어 많은 사람들이 인정하는 결과가 된다. 그리고 마지막으로 결론이 되는 중요한 말은 결정권자를 향해 말하라.

○ 짧은 시간 안에 알기 쉽게 이야기한다

○ 논지는 명확하게

○ 목소리는 확실히